SYMPOSION

会
饮

Ronald Dworkin

Religion without God

没有上帝的宗教

〔美〕罗纳德·德沃金 著

於兴中 译

商务印书馆
The Commercial Press

译序

——宗教是灵魂的牧场

自由主义者的宗教问题

德沃金写完了《刺猬的正义》那本书后喜欢讲一个笑话。他说有一次在梦中进了天堂。在那里，世界上所有优秀的哲学家、诗人、学者都在讨论他的书，而且他的书还没有写完。不过在他看来，最美妙的还是他的生命竟然可以没有终结的时候。德沃金于2013年2月驾鹤西去，天堂里有没有人讨论他的著作我们不得而知，但是在这个浑浑噩噩的尘世上，德沃金的著作毫无疑问在很长时期内还会成为人们讨论的热点对象，就像纽约大学法学院对他的评论一样：德沃金的著作在两百年以后还会有人讨论。

《没有上帝的宗教》是德沃金的最后一本著作。根据《纽约书评》的报道，德沃金在逝世前三个月将该书的稿子送到哈佛大学出版社，但没来得及看到书的出版就去世了。德沃金逝世后，《纽约书评》曾节选书中章节予以发表。[1]这本书虽然不足二百页，它的分量和学术地位，以及将会在学界引起的讨论却是不可估量的，因为它涉及了人性里面一个非常重要的层面——灵性，而这个层面在自由主义者的著作中往往没有得到应该有的关注。事实上，灵性、信仰和宗教等概念对于自由主义者来说是一个问题。在这里，"问题"一词意指一个非常棘手的、不愿意面对但又不得不面对的人生难题。这就是自由主义者的宗教问题。这个问题的渊源可以追溯到几百年前。我们知道，文艺复兴以后西方社会逐渐走上了世俗化的道路。世俗化作为一把双刃剑，一方面使西方社会摆脱了宗教文明秩序的桎梏，另一方面开启了现代社会的新纪元。这是一个漫长的过程。在这个过程中经历了无数的政治、社会、经济变革，包括宗教改革、文艺复兴、工业革命、科学革命、启蒙运动、殖民与后殖民、现代化、全球化等一系列的重大变革。这一系列变化的实质是理性代替了灵性的位置，科学和法律代替了宗教，变化代替了稳定，世俗代替了神圣。这也就是所谓现代性的主要内容。这些变化导致的直接后果是现代人变得越来越急躁不安、自以为是，以为凭借着理性就可以征服世界，凭着科学就可以祛除所有的疾病、追求到幸福。在这个过程中，宗教被推到了后台，出现了现代国家和社会。传统、习俗等被国家制定的法律规则所代替。而人则全力以赴面对现实存在，追求权利保障，从而使得更深层次的关怀以及灵魂无家可归，正像帕斯卡尔感叹的那样：这个世界上竟然有人在背弃了上帝后自己制定法律并且遵守之，思之不免令人讶异！

自由主义者的宗教问题就是在这样的背景下形成的。在政治上，中世纪的政教不分所造成的阴影像达摩克利斯之剑时时悬在自由主义者的头上。他们对政教合一的恐惧远远超过了对国家这个利维坦的恐惧。因此他们主张严格的政教分离，神圣和世俗分为不同的两个场域。宗教只是在被容忍的情况下存在，任由自己发展，从而成为私人领域和社会领域的实践。而自由主义者对宗教和人的灵性则采取了一种避而不谈的态度。虽然康德曾经谈到过宗教，但他笔下的宗教也是以理性作为边界的。洛克则很明确地提倡对宗教的宽容。

然而不可否认的事实是，作为人性的一个重要层面的灵性及作为其反映的宗教却是无所不在的。无论是自由主义者还是其对手激进主义者（在对宗教的态度上，这两种势力是没有任何区别的），他们在青壮年的时候，凭借理性叱咤风云。步入中老年的时候，认识到自己以及理性的局限性，不得不重新开始思考宗教问题。假设那些思想家，自由主义的以及激进派的学者，都能够一开始就重视宗教，也许我们今天的社会就不会像现在这样在精神上严重匮乏。罗尔斯在大学时代就写过一篇关于宗教的论文，但是在他有生之年一直没有时间再回到宗教的问题上来。可是从他的一系列著作中可以看出，基督教的精神和信念甚至一些基本原则贯穿始终。比如他的差异原则实际上就是犹太教和基督教著名的慈善原则（principle of charity）的另一种表现。著名的解构主义者德里达曾经有过对宗教不屑一顾的批判精神，但年事渐高的时候又对宗教发生了兴趣。哈佛大学法学院优秀的左派思想家罗伯特·昂格尔的新著《未来的宗教》则是这方面的一个最新的例证。[2]

把德沃金的这本著作放在自由主义者的宗教问题这个大的背景之下来看，其重要性已昭然若揭。当然，理解德沃金的宗教思想和他这本书的另一条思路是，把它放在整个无神论传统中予以考虑。尤其是有必要明确德沃金在书中提到的斯宾诺莎、蒂利希（田立克）、爱因斯坦及道金斯等人的宗教观点。

无神论，无论强的还是弱的，显性的还是隐性的，其基本立场都是对神的存在采取一种怀疑甚至否定的态度。成为一名无神论者并不需要任何诸如皈依或洗礼之类的仪式，因此很难以一种划一的标准判定谁是无神论者。而声称自己是无神论者的人为数并不多。大多数的人可能说不清自己到底是有神论者还是无神论者。历史上的无神论一般都立足于理性和科学，反对传统宗教的精神束缚。但无神论者有时并不是没有信仰。有些无神论者认为，宇宙本身及其基本规律决定了发生的一切，一切都属于自然的。而自然本身就足以成为崇拜的对象，从而成为某种信仰。

西方文化史上的无神论源远流长。古希腊的启蒙思想家把自然界万物的生灭还原为物质本原的分合。从自然本身说明自然，用人的理智代替神的意志。这种具有启蒙意义的自然哲学启发人们去探索认识自然、理解人生的新路。不少思想家摆脱了对传统宗教的迷信，对神灵的本质、宗教的起源和作用进行理性的探讨。从古代希腊到古代罗马，出现了德谟克利特、伊壁鸠鲁、卢克莱修等无神论思想家。

中世纪是西方宗教文明秩序如日中天的时候，是基督教及其神学体系居于绝对统治地位的时代，无神论几乎不可能公开存在。然而，在一些反正统神学的泛神论中仍不时见到无神论的思想火花。文艺复兴时期的人文主义强调人的价值，反对宗教禁欲主义，把追求物质利益视为合乎人性。启蒙运动以来的西方知识领域和思想领域贯彻着解放与反思的精神，对人事和神事的反思都给无神论提供了不断发展的空间。16—17世纪，泛神论在欧洲有广泛的影响。自然科学的发展使人们对世界的认识有了更加可靠的落脚点。这也给无神论的发展提供了基础。一大批杰出的思想家和科学家都直接或间接为无神论鼓与呼，使无神论终究成为一种传统。从那以后，对于宗教的研究就出现了两种不同的路径。一种是传统的宗教信仰者内部的研究。这种研究旨在阐释和发展宗教教义，其积累的结果就是神学。另一种则是无神论者对宗教的反思和研究。这种研究虽然立足于自然科学，但比神学的范围广泛而有趣。一旦它和日后兴起的社会学、人类学及其他社会科学、人文科学对宗教的研究结合起来，宗教研究就迎来了空前的繁荣和多元。

斯宾诺莎的无神论在西方无神论史上占有突出的地位。他的神学思想建立在他的哲学基础之上。斯宾诺莎探讨了当时哲学的各种问题，建立了一个完整的哲学体系，其中包括实体、属性和样式的学说，唯理论的认识论和方法论，以及无神论。斯宾诺莎否认有人格神、超自然神的存在，主张从自然界本身来说明自然。他用逻辑推理论证神就是自然、天命就是自然律，从根本上否定作为主宰世界的超自然上帝。

在他的著名的实体、属性和样式的学说中，他把实体定义为"存在于自身内并通过自身而被认识的东西"，认为实体不能为任何别的东西所产生，是一种自主的存在。[3] 斯宾诺莎把实体称为神，只不过他所说的神不是超越的人格神，即不是一般宗教所信奉的神。他把神等同于自然（Deus sive Natura）。在这个意义上，他是一位泛神论者。然而，斯宾诺莎对自然的理解，确是很有特色的。他把自然区分为"被自然产生的自然"和"产生自然的自然"，并把后者称为神。这种见解是很独特的。神就是"产生自然的自然"。

爱因斯坦很欣赏斯宾诺莎。他说："我相信斯宾诺莎的上帝，这样的上帝在世界的和谐规律中体现自己，而与人类的作为和命运无关。"如同在他的自传中所述，爱因斯坦很早就对传统的宗教信仰失去了信心，但是他对明显存在的宇宙秩序的神秘性有着本能的兴趣。他曾经说过，"最令人难以理解的就是宇宙的理性存在"，为了区分人格化的上帝和一种宇宙力量的存在，爱因斯坦把自己描述为一个"不可知论者"，而不是"无神论者"。

爱因斯坦曾经名言："我不相信人格化的上帝，我从未否认这一点，而且都表达得很清楚。如果在我的内心有什么能被称之为宗教的话，那就是对我们的科学所能够揭示的、这个世界结构的没有止境的敬仰。"

德沃金在他的书中引用爱因斯坦的这一段话足以说明爱因斯坦对自己信仰的定位：

> 知道我们所无法理解的东西真实地存在着，并且体现出崇高的智慧与最灿烂的美。我们迟钝的感官仅能领会这种美的最原始形态。这种认识和感触，是宗教性的真挚信仰的核心。在这个意义上，也仅在这个意义上，我和那些虔诚的信徒是一样的。[4]

德沃金提到的另一位学者是保罗·蒂利希。蒂利希主张从哲学及各种人文科学角度研究神学问题。蒂利希并不是一个无神论者，但他的研究，尤其是系统神学中表达出来的宗教学说，是神学家的宗教研究和社会科学家宗教研究相结合的典范。他认为，一切学问都能引导人去认识上帝。他认为宗教仪式既是通往上帝的道路，又是接近上帝的障碍。他主张神学和哲学应从与科学、艺术、精神病学及其他学科的对话中寻求发展。

德沃金在书中也提到了理查德·道金斯（Richard Dawkins）。道金斯是当代最著名的无神论者之一。与斯宾诺莎和爱因斯坦很不同的是，道金斯不仅否认上帝的存在，而且不承认宗教信仰的正当性。他崇尚科学与理智并批评世界上所有的宗教都是人类制造的骗局。道金斯在他富有争议的畅销书《上帝的错觉》中指出，上帝的存在是无法证明的，相信上帝的存在不仅仅是错误的，也会导致社会之间的隔阂、压迫、歧视和误解。而宗教往往也是引起战争、恐怖袭击、性歧视等一系列问题的重要原因。[5]他引用哲学家罗素的比喻，认为信仰上帝就如同相信有一把茶壶在绕火星飞行，虽然我们不能证明上帝和茶壶并不存在，但是他们存在的概率却也是微乎其微。道金斯认为，达尔文的演化论是至今为止唯一能够解释物种起源的科学理论，而基督教的创世论与智能设计的学说并不是科学，因为它们缺乏证据。[6]

权利的旗手、刺猬型学者

罗纳德·德沃金（Ronald Myles Dworkin，1931-2013）出生于美国罗得岛州的普罗维登斯（Providence），母亲是音乐老师。德沃金先后毕业于哈佛大学和牛津大学，成绩优异。曾担任过著名的汉德（Learned Hand）法官的法律助手，也曾在纽约著名的苏利文 &

克伦威尔（Sullivan & Cromwell）律师事务所担任律师。1962年开始了教书生涯，曾在耶鲁大学、牛津大学、伦敦大学学院和纽约大学法学院任教。德沃金一生著作甚夥，内容涉及法学、政治学、宗教哲学和一般哲学。其主要作品包括：《认真对待权利》《原则问题》《法律的帝国》《自由的法：美国宪法的道德解读》《至上的美德》《身披法袍的正义》《民主是可能的吗?》《刺猬的正义》及《没有上帝的宗教》等。德沃金的思想极具原创性，其著作涉及范围很广，且都与现代社会的重大问题有关。

古希腊名言曾谓："狐狸满腹伎俩，而刺猬只有一个绝招。"以赛亚·伯林妙用此句，用"刺猬"与"狐狸"指称两类不同的哲学家。狐狸型哲学家承认价值多元，多元价值之间往往冲突；刺猬型哲学家追求一元价值，认为诸种价值可以和谐共处，相辅相成，一种价值的实现会促成其他价值的实现。2011年，德沃金出版了《刺猬的正义》一书，自诩为刺猬型哲学家。[7] 德沃金坦言，不管你们怎么批判我，我就属于刺猬型学者，自由主义的观点是对的，自由、平等、人权、法治应成为普遍的观点，我就坚持这样一个理念。这是无可厚非的。

综观德沃金的所有论著，他一直在身体力行"刺猸"的事业，即解决一个政治共同体中所存在的诸多看似不可通约的价值如何共存的问题。他以认真对待权利的平等关怀在法学界竖起一面旗帜，在自然法和法律实证主义之间寻求第三条道路，相信法律是一种解释性的工程，注重法律的德性（integrity），呼唤法官效法赫克利斯，为实现司法公正尽心竭力，找出"正确答案"。德沃金坚信平等、自由、民主、正义等各种价值构成一张信念之网。欲准确理解其中的一个价值，需要同时理解这张网中的其他价值。各种价值在终极意义上是完全可以统一的。

回顾 20 世纪中期以来的"权利"言说，德沃金的贡献最大。他在 1977 年出版的《认真对待权利》一书中提出的权利大于一切的观点强烈地震撼了英美法学界，为接下来权利学说的发展奠定了基础。他的权利学说的妙处在于，权利先于法律而存在。国家法律只是对个人权利的认可，而非限制。在权利和利益相冲突时，权利必须优先。德沃金堪称权利的旗手。

法的德性：探索第三条道路，深刻而浪漫的理想主义

德沃金有时被称为当代自然法学家的代表，似有

不妥。仔细阅读德沃金的著作会发现，将他归为自然法学家不足以说明其学问的特点。他固然讨论过权利、原则与道德等自然法学所关心的重要范畴，但是他的作品大都是运用不同方法对一些实际问题的详细解读，并非仅限于自然法的角度。他讨论过堕胎、恐怖主义、总统竞选等一系列对美国人的现实生活影响重大的问题。如果用"讲原则的实用主义者"（principled pragmatist）来形容他可能更为贴切。他所谓整体性的法的见解与自然法的观点貌合神离。当然，德沃金本人和他的学生们更有可能认为，德沃金的学说乃是不同于自然法学和实证主义法学的第三种法学理论。

德沃金的思想曾被某些学者批判。德沃金认为，法官在没有规则可资利用的情况下有一定的自由裁量权。这个自由裁量权并不像哈特说的那么强势，法官有弱势的自由裁量权，受到原则、道德等诸多限制。于是，他提出了法官审判的非规则标准，即原则、标准和政策等。法官根据自己对法律的理解和事实的把握，全面综合地斟酌手头的案件，从而得出一个最佳答案，这便是理想的司法决定。有人说这是天方夜谭，本来要解决的是法律确定性，反而把问题推向超人的法官。有人认为，德沃金所提的方法并不是最公正的，因为德沃金只是采取了"某一点"的思维方式，他只是从某一个方面出发，来得出这些结论。在这个角度上是可以说得通的。

德沃金法律思想的核心是其关于法律的德性的观点。西方法律经历了从法的神圣化到理性化再到世俗化的转变。这一转变的实质在于法律的生命从虚无缥缈的神的怀抱最终回到了浑浑噩噩的尘世，法的渊源从上帝的旨意转向人类理性，而理性最终又不得不拥抱经验。与此相适应，法学研究关注的对象也从"法是什么"这样一个哲学命题转向"有没有法"这种现实需要，从规则中心主义转向法官本位，从相信法的绝对自主转向相信法的开放性。伴随着这种转变始终存在着两个紧密相连而又最为令人困惑的问题：一是法是否确定；二是法是否自主。这两个问题直接关系到法律制度存在的合理性和法学研究的必要性。如果法是不确定的，执法和司法就会因人而异，就不可能做到法的面前人人平等。如果法不是自主独立的，它势必受到人为因素的控制，摆脱不掉人治的桎梏，有关所谓"法治"的种种议论也就只能是神话而已。西方人对自己的法律制度颇为得意，因为他们曾经相信，而且现在很多人也还相信，完全可以通过法律得到正义、权利和自由。而之所以可以通过法律获得正义、权利和自由，乃是由于法具有确定性、客观性和自主性。一旦法被认为不确定、不自主，那就势必导致法律意识的危机。因此，法的确定性问题和自主性问题便自然而然地成为西方法学家关注的焦点。20世纪的西方法学论坛基本上被这两个问题所占据。由此而产生了众多的流派和纷繁的学说。就基本方向而言，法学家按意识形态的不同而形成了两个阵营：一派极力淡化法的不确定性，维护法的自主性，从而为现存的自由主义法律制度辩护；另一派则极尽攻击之能事，夸大法的不确定性，否定法的自主性，借以否定现存自由主义法律秩序的客观性和必然性。由于自由主义法律秩序不仅是资本主义社会的脊梁骨，而且也是全世界范围内所谓法的现代化的基本蓝图，对于法的确定性和自主性的讨论因之也具有世界性的普遍意义。

人的尊严：平等关怀与自由

德沃金虽然主要是一位法哲学家，但他的政治哲学也有不少发人深省的地方。在德沃金看来，人的尊严蕴含了平等关怀和尊重的抽象权利。政治哲学可以把貌似不协调但实质上并不冲突的一些价值结合起来，诸如自由与平等。自由和权利是他政治哲学的基础，而平等则是其整个政治哲学的核心和起点。德沃金的政治哲学既注重规范性和实质性，又注重参与。他的政策和原则之分既可以用在审判工作上，也可以用于立法和政策制定的领域。德沃金认为，有关宪法价值的决定应当与日常政治区分开来，宪法决定是有关原则的，不受制于多数人的决定。根据德沃金的见解，人的尊严的价值包括两条原则。第一个原则是生命本身的价值原则，即每个人的生命都有特别的价值。这是一种客观的价值。第二个原则是个人责任原则，亦即每个人都有责任使自己人生成功。这种责任包括自己独立判断哪种生活对他来说是成功的。这两条原则界定了人的尊严的基础和条件。人的尊严的这两个原则反映了两大至关重要的政治价值，即平等和自由的理想。一般认为，这两条原则是有矛盾的，很难协调起来。德沃金则认为平等和自由是相容的，两者可以互为表里，互相补充。

依据人的尊严的原则，政府必须不仅要关心和尊重人民，而且必须要平等地关心和尊重人民。德沃金指出，这要求政府不仅要把所有的人当作平等的主体来对待（treat as equals），而且要平等地对待所有的人（treat equally）。前者指的是每个人都有权得到平等的关心和尊重，后者则主要指在资源、机会等的分配中的平等。德沃金认为第一种是基础性的，而第二种是派生性的。就政治平等而言，德沃金认为，政治平等并不仅仅意味着政治权利的平等，而应该从人民主权、政治参与、政治对话等多个维度来尽量保证每个公民都享有同等的参与机会和发言权。政治平等必须是实质性的平等。政府不仅要保护公民的消极自由，而且还必须促进和保护每个公民的积极自由。

宗教比上帝更深奥

《没有上帝的宗教》是在 2011 年德沃金在瑞士伯尔尼大学所做的爱因斯坦系列讲座的基础上发展而成的。德沃金计划花两年的时间修改充实该系列讲座，使其成为一本专著。无奈天不助人，德沃金后来卧床不起，该书只好以现在的篇幅见人了。据说，德沃金此书受到爱因斯坦的启发，但道金斯的影响似乎更为明显。德沃金是一位杰出的自由主义学者。在对政治、法律、社会，尤其是西方社会等问题进行过认真而深刻的反思之后，他开始对理性和自由主义者学说的不足进行反思，试图弥补乃至超越自由主义。《没有上帝的宗教》恰恰是这种反思的一个新的途径。遗憾的是，这本书虽然在德沃金逝世两年前就开始写了，但直到德沃金逝世，还是没有足够的时间使它更加完美。

《没有上帝的宗教》是一本关于宗教的书。但与一般宗教著作不同的是，本书只是关于一般宗教价值与宗教体验的著作，而不是关于某一宗教的历史发展、基本信仰或实践的神学著作。德沃金从无神论出发，对宗教的概念作了宽泛的解释，消融了有神论与无神论的差异。德沃金认为，生活的内在意义和自然的内在之美，构成了一种彻底的宗教人生观的基本范式。它可以使我们超越人生的局限和虚无，从而生活得更有意义。而这一切并不依赖于神的意志。

该书序言开宗明义地指出："这本书的主题是宗教不等于上帝，宗教比上帝要深奥。"德沃金认为，宗教是一种世界观，而信仰神只是这种深奥广博而独特的世界观的一种可能的表现形式或结果。无神论者也同样会有自己的宗教信仰，德沃金称之为"无神论宗教"。从逻辑分析的角度看，真正的宗教观（a religious point of view）不要求也不需要假设一个超自然的实体。如果将神从宗教中分离出来，科学问题与价值问题是完全独立的，价值部分并不依赖于神的存在或历史。

一如对法律的理解，德沃金认为，"宗教"也是一个解释性概念，承认宗教并不一定是对神的信仰，学者和法官对宗教可以有各自宽泛的理解、持不同的立场。那么，"宗教"的含义是什么呢？在第一章第二节

"什么是宗教？宗教形而上学的核心"中，德沃金给出的宗教观的一般解释是，宗教观承认价值是一种完整并且独立的现实。宗教观的两个核心价值判断的客观性，揭示了生命在自然的和文化的两个层面上的内在价值。第一个判断认为人的生命具有客观意义与重要性。第二个判断认为"自然"是崇高的、具有内在价值和奇迹。如何解释价值体系的自我证成？德沃金坚称，无论科学、逻辑还是价值，最终还是需要信仰支撑。

德沃金假定传统的有神宗教由科学和价值两部分组成，并且认为科学部分无法支撑价值部分，二者在概念上相互独立。德沃金引用概念性原则——"休谟"原则，认为神的存在或其属性只能有限地为宗教价值辩护，只能作为一种事实来引入一些不同的、独立的前提性价值判断；就是说，神的存在只能作为一个次要的前提。除非存在着独立的前提性原理，并且它们解释了为什么，神的存在才可以在为某种特定的价值信念辩护时是必要的或充分的。

进而，德沃金对有神宗教的神创论进行了批判。他认为，神创论中的创造主体至少应该是一个智能主体，并构成有神宗教中的科学部分。尽管如此，神意本身并不能创造价值，无法仅凭自身使价值判断成为真理，仍然需要前提性假设。神创论的基础应是可知的。最后，德沃金进一步比较了人格神、非人格神以及泛神论中的神的概念。他认为，非人格神中的"超自然"体验，消除了人格神和非人格神之间的差别。在对斯宾诺莎泛神论的分析中，德沃金进一步试图否认"神"，爱因斯坦对"自然"是信奉、崇拜的，斯宾诺莎认为自然是正义的基础，从而得出结论，泛神论者实际上也就是宗教无神论者。

任何读过德沃金著作或是听过他演讲的人，都知道他拥有才华横溢的、优雅的头脑，善于分析复杂的概念，一直致力于道德的、法律的和政治的事业。但是这本书采用不同的语气和方式。它没有发起一系列旨在改变信仰的争论。相反，它探讨哲学的，甚至是精神层面的鉴赏力。他的雄心不是影响任何特殊立场的转变，而是我们看待世界的方式和对待我们自身存在的最基本特征的态度。《没有上帝的宗教》不仅带给我们更深的文化上的困惑和思考，而且在读者面前呈现出作者确定的哲学品味和特殊的立场。

物理学与无法测度的美和庄严

在本书的第二章，德沃金试图借助"美"（beauty）这个词在美学意义上的广度和不确定性，来探讨我们生存的外部世界的奥秘和我们自身存在的意义。这一章更像是一篇美学论文。德沃金指出，有神论者和无神论者在认知宇宙之美上趋于统一。宗教无神论者依靠物理学和宇宙哲学，而非神学来发现宇宙知识，但是关于对"宇宙之美"的信念本身并非科学；无论物理学带给我们何种知识，宗教的问题依然存在，对于宇宙之美的宗教信仰超过了科学所能解释的范畴。在这个意义上，有神论和无神论虽然是以不同的方式，但都是凭借信仰。

在"美如何指导科学研究？"一节中，德沃金首先以自然主义观点为对照，大多数物理学家坚称自己是现实主义者，认为在客观存在的宇宙之外并不存在一个独立的精神世界。但是，德沃金认为当代物理学对宇宙知识所知甚少。他例举了当代物理学关于宇宙的理论和模型。其中，或许最戏剧化的是两种近乎完美的理论无法相容，爱因斯坦著名的引力理论和当代解释另外三种力的标准模型不可能同时作为绝对的一般性真理成立。物理学家一直试图找到一种可以调和这两种理论的"终极"理论，但是至今未获成功。进而，德沃金阐明了自己的观点。他认为，不懈地探求更为简洁也更为全面的科学理论不仅仅是为了靠近真理，同时也必须是对美的探求，而感知和认识宇宙的崇高之美并不依赖于上帝的存在。

那么，宇宙是否受客观规律支配？面对这一古老哲学难题的诘问，我们是否可以说对于宇宙的探索没有终点？根本没有"终极"理论？德沃金对这一问题的可能答案逐一进行了分析。首先，"客观规律说"目前仅是科学假说。人为掌握了自然规律我们就可以完全预知未来将会发生的一切，这似乎是决定论的说辞。必然性的论断比决定论更进一步，它不仅认为自然规律和过去某一时间点的状态决定未来，更强调自然规律本身和起点也是确定的。然而，物理学至今还不具有整体性，即使找到一种完全整合在一起的理论来解释万物，我们还是无法应对这个经典哲学问题的挑战，无法解释为何宇宙间存在这些规律。其次，关于有神论宗教的观点。在所有传统的有神论宗教中，只有承认全知全能的上帝创造了万事万物，我们才能够解释世界的复杂性，特别是人类生活的非凡复杂性。但是我们仍没有走出哲学上的困境，无法解释上帝的存在。再次，如果认为宇宙是没有规律的，等于承认宇宙及我们自身的存在都是一种无法解释的偶然，这种回答同样不能令我们满意。德沃金认为，理论上的哲学追问将会无穷无尽，而我们无法设想到达终点。

为了突破这种哲学困境，西方中世纪哲学将上帝作为一种必要的概念，以此完善神学的整体性。当代科学也像神学一样在概念范畴中寻求需要的理论庇护，例如"多元宇宙观"有效回应了有神论宗教的辩词，并通过一个新的假设庇护关于宇宙的新理论。既然如此，德沃金认为，无需一个开天辟地的上帝，无需无限的诘问，也无需承认宇宙是凌乱的偶合。那么，德沃金关于宇宙的态度到底是什么呢？是信仰，是对于宇宙的崇高与美的信仰。在本章最后部分"必然性之美"一节中，德沃金揭示出其关于宇宙的态度。对必然性的认识将物理学界的核心推定为宇宙是可知的，与一种可能贴近很多物理学家主张的宇宙之美相结合。这种美是真实的，涵盖了从纯感性美到纯智性美之间的所有的美；对于这些人来说，宇宙最终是可知的这一科学推定也是一种信仰宇宙间闪耀着真正的美的宗教信念。

作为基本宪法权利的宗教自由

在本书的第三章，德沃金将视角转向作为基本宪法权利的宗教自由这一主题。他以自由主义的立场，将宗教自由视为一个具有哲学深度的政治道德问题，运用其擅长的概念分析方法，重新界定宗教和作为宪法性概念的宗教自由，及对其性质和范围的理解。德沃金建议从一个崭新的角度，将宗教自由视为来源于伦理自主的自由价值的一般权利而非特殊权利，以此来应对宗教活动和宗教信仰的宪法困境。

德沃金指出，尽管宗教自由在当代世界范围内的法律文件中都予以承认和保护，《世界人权宣言》《欧洲人权公约》以及美国宪法第一修正案都规定了相应保障宗教自由的条款，宗教及宗教自由的概念和范围仍是一个需要重新审视和讨论的问题。德沃金认为，现代宗教自由的概念既包括自由选择宗教组织，也包括了不信仰宗教的权利。但是，这项权利仍被理解为是一项人们对于上帝的存在和性质进行自主选择的权利。德沃金认为，对宗教的更为宽泛的解释，要比有神论更加深刻地理解和更好地解释个人信仰的多样性和复杂性。

宗教自由仅与上帝有关吗？德沃金的回答是否定的。他认为，并没有足够的令人信服的理由说明宗教仅与有神论或者拒绝有神论有关。并且对宗教自由在世界范围内所享有的特殊保障，也并没有找到仅属于宗教信徒需要特殊保障以抵御来自官方或其他方面迫害的特殊利益。无论是有神论的科学部分还是价值部分，都没有与宗教无神论相比更为特殊的利益存在。

同时，德沃金还比较了美国宪法第一修正案的宗教自由条款禁止设立国教，与政府在对幸福生活的几种理解中选择一方的差异。从而认为，宗教自由的特殊保障确是宪法上无法解释的一个难题。

德沃金提出，凡是宗教态度都需要受到特殊保障，将局限于传统宗教的保障和特权拓展到所有信仰。为此他认为需要重新定义宗教态度，一种是关注信仰在个人性格中发挥作用的功能性定义，一种是限制宗教自由应保护的信仰范围的实质性定义。该实质性定义是德沃金在 1992 年试图用第一修正案为堕胎辩护提出的。法院对什么是宗教态度和信仰施加了实质性限制。德沃金对自己曾经提出的观点进行了反思、修正甚至是否定，认为这些限制的合理性依赖于政府有能力在不同信仰间做出选择。而这种假设本身就违反了一个基本原则，即基本价值问题是个人选择，而非集体选择。

德沃金进一步分析了美国宪法第一修正案的宗教自由条款在适用上的冲突，即禁止政府侵犯宗教"自由权"与禁止设立国教之间的冲突。上帝存在或者不存在这两种假设似乎从科学角度可以相提并论。两者都可或都不可作为科学判断。如果依托一种假设来安排学校的课程是以违背宪法的方式设立国教，那么依托另一种假设也同样违宪。在诸如此类的案例中，宪法要求政府不偏袒某种宗教的条款是自相矛盾的。

那么，真的有信仰宗教自由的权利吗？在我们用传统的概念和思维定势思考宗教自由权而愈加迷惑时，德沃金另辟蹊径，建议采取另一种方法，在将宗教与上帝分离的同时，不再将宗教自由权作为特殊权利而是作为一般权利，一种更为普遍的伦理自主权，就可以重新解读所有的宪法、条约及人权公约。德沃金认为，伦理自主权在历史上以一种微妙的方式保障宗教信仰。

德沃金认为，对宗教自由的承诺根植于一个更为一般的伦理自主的权利，应该看到一个自由国家的全部意义就是让个人对他们自己的生活负责，不论是传统的宗教还是非传统的宗教。因而国家不应该干涉个人对性和生育的选择，就像不能干涉实践宗教的方式、宗教服装和标记的私人展示。反过来，国家尊重所有人的伦理自主，避免支持宗教习俗和象征、在学校讲授宗教科学，包括智能设计的争议理论。

德沃金在本章似乎表达了这样一种愿望，一种自由主义的平等观。他试图努力进一步消融有神论和无神论各自的政治和道德信仰的差异，双方能够相互承认和接纳彼此的根本性的态度。德沃金在文中最后期许，或许将来他们都将承认，现在认为完全不可逾越的鸿沟，只不过是一种难解且没有任何道德或政治影响的科学争论。

死亡与永生

本书最后一章是关于死亡的沉思录，字里行间弥散着告别的气息。我们无从得知第四章写作的确切日期，是否是德沃金临终前对死亡所作的最后的哲学思考。德沃金通过对死亡与永生问题的思考，进一步阐明了无神论宗教观。不幸的是，德沃金显然由于健康原因并没有完成这一命题的写作。

第四章主要由两部分组成：死亡与永生。关于死亡，德沃金首先想象了死亡后生命的存在形式。对于许多有神论宗教许诺的愿景，德沃金斥之为"愚蠢的逃避"。德沃金进而质疑了上帝之于来世的意义——人们信仰上帝仅仅只是基于对恐惧的顺从，而不是对自己生命的尊重，或者对上帝以及他人的爱。德沃金认为，如果将生命本身看作目的，由于生命有限，怎样生活得更有意义就变得至为重要。在有神论宗教看来，人只有得到了上帝的恩典才能明了生活的意义。而德沃金则认为，遵照上帝的意愿生活，在道德或伦理上毫无意义。支撑人们活得有意义的是一种信仰，即存在独立且客观的标准。这是一种有神论宗教和无神论宗教都具有的、自然主义者所没有的对价值信仰的宗教态度。

人能够永生吗？有神论宗教并没有给出一套永生的理论，只是否定生命会彻底消亡并提供了一种可能性。德沃金想到的永生有两种形式：一种是像历史上的名人、伟人那样可以被后人铭记几个世纪；一种是活在创作作品中，作品一旦问世，不论是否被后人承认或继续存在，都获得了永生的品格。德沃金认为，应该将我们的人生活成艺术品，即活得有意义、有成就，就可以视为永生。这便是德沃金的宗教信仰，从这个意义上来说，他已经获得了永生。

译者谨识

2015 年 4 月

2022 年 4 月修改

美国纽约绮色佳

注释

1　*The New York Review of Books*, April 4, 2013.

2　Roberto Mangabeira Unger, *The Religion of the Future* (Harvard University Press, 2014).

3   Edwin M. Curley, *The Collected Works of Spinoza* (Princeton University Press, 1985).

4   Albert Einstein, in *Living Philosophies: The Reflections of Some Eminent Men and Women of Our Time*, ed. Clifton Fadiman (New York: Doubleday, 1990), p.6.

5   参见 https://richarddawkins.net/2014/11/the-god-delusion/。

6   Dawkins, *A Devil's Chaplain: Reflections on Hope, Lies, Science and Love* (New York: Houghton Mifflin, 2003), p.149; cf. Dawkins, *The God Delusion* (New York: Houghton Mifflin, 2006), pp.74-75.

7   Ronald Dworkin, *Justice for Hedgehogs* (Harvard University Press, 2011).

献给汤姆——他引领我入世的情怀

———————————

还有蕊妮——永远永远

目 录

出版者的话

本书的原文是 2011 年德沃金在伯尔尼大学所作的爱因斯坦系列讲座的讲稿。德沃金原计划在以后几年内大幅修改讲座内容，但他在 2012 年夏天不幸染病，并于 2013 年 2 月逝世，仅仅完成了对部分原文的修改。纽约大学法学院的博士生希拉里·那伊（Hillary Nye）为本书的出版提供了宝贵的研究帮助，本出版社特此感谢！德沃金教授的研究得到了纽约大学法学院的菲洛门·达戈斯蒂诺和马克斯·E. 格林伯格（Filomen D'Agostino and Max E. Greenberg）基金会的支持。

第一章
无神论宗教

简介

本书的主题是宗教远比上帝深奥。宗教乃是一种博大精深、卓尔不群的世界观。这种世界观认为万物均有内在的客观价值，宇宙万物令人敬畏，而人的生命既蕴含着宇宙秩序，且富有存在的意义。信仰一位神只是这种深奥世界观的一种可能的表现形式或结果。当然，神的存在满足了很多人的愿望：或作出有关来世的承诺，或就自然风暴作出解释，甚或与敌人作对。神之所以具有如此大的吸引力，关键乃在于人们相信，是神让这个世界充满了价值和意义。然而，我下面要说的是，这样一种由神支撑价值的观念预先假设了一种信念，即神所代表的价值是一种独立于神的存在。非教徒也会具有这种信念。所以，在这个层面，有神论者与无神论者具有共同点，而且这种相同远比两者的分歧要深刻。这种共有的信念可能为他们提供了一个增进沟通的基础。

众所周知，有宗教信仰的人和没有宗教信仰的人之间有着鲜明而深刻的分歧。然而，数以百万计的把自己看作无神论者的人同样拥有信仰。他们的信仰和经历与信徒认为是宗教性的信仰和经历大体相似，而且同样深奥微妙。这些无神论者说，尽管他们不相信一个"人格化"的上帝，但他们还是相信宇宙中存在着一种"力量"。这种力量"比我们要强大"。他们感到一种不可逃避的责任，要求自己活得有意义，并且对别人的生命给予应有的尊重。他们以自己认为有意义的生活而自豪，但有时也会为他们回想起来觉着被浪费了的生命承受一种无法平复的遗憾。他们认为大峡谷不仅仅是引人注目的，更是令人赞叹的、诡异的奇妙存在。他们对浩瀚宇宙的最新发现不仅感兴趣，而且如醉如痴。对于他们，这些也许是瞬间的感触，抑或是令人费解的回应。这些感触表达了他们的一种信念，那就是他们所感知的力量和奇迹是真实的，与地球的存在或人感受到痛苦这样的事同样真实；道德真理和自然奇观不仅能唤起敬畏，其本身更是值得敬畏的。

同样的感触不乏富有诗意的表达。阿尔伯特·爱因斯坦说过，他虽然是一个无神论者，但却也是一个笃信宗教的人。

> 知道我们所无法理解的东西真实地存在着，并且体现出崇高的智慧与最灿烂的美，我们迟钝的感官仅能领会这种美的最原始形态。这种认识和感触，是真挚的宗教信仰的核心。在这个意义上，也仅在这个意义上，我和那些虔诚的信徒是一样的。[1]

珀西·比希·雪莱宣称自己是无神论者，但是仍感到"一种令人敬畏的看不见的力量的阴影，在人们中间飘荡，虽然其不能为我们所见"。[2]哲学家、历史学家和宗教社会学家都为无神论宗教留有空间，坚持一种对宗教性经历的叙述。威廉·詹姆斯（William James）认为，宗教的两个要素之一是一种根本性的感觉。如他所说，"在宇宙中有掷最后一块石头的存在"。[3]有神论者让上帝来扮演这个角色，而无神论者可以认为是实实在在的生活积淀投掷最后一块石头，也就是说，没有什么比有意义地生活更为根本的了。

法官通常要裁定在法律意义上"宗教"意味着什么。比如，美国国会为那些宗教信仰不允许服兵役的人提供了使其免服兵役的"良心异议",那么一个道德信念不允许其服兵役的无神论者是否有资格享受这一条款的保护?美国最高法院裁定,无神论者有资格使用该条款。[4]在另一案例中,法院需要解释宪法对"自由宗教活动"的保障。法院指出,在美国有很多不承认上帝的宗教在蓬勃发展。这其中就包括被法院称作"世俗人本主义"的信仰。[5]进而言之,有些人在使用"宗教"一词时,既与上帝无关,也与不可言喻的力量无关。有些美国人把宪法当作宗教来信仰,还有些人把棒球作为宗教。当然,后者对"宗教"一词的使用仅是隐喻性的,但是他们似乎更倾向于广泛而深刻的信念,而非寄情于对上帝的信仰。

所以,"无神论宗教"一词虽然异乎寻常,但却并非自相矛盾。宗教不仅局限于字面上的有神论。但是这个词可能仍会被认为是令人困惑的。为了表意清楚,是不是把"宗教"一词留给有神论者更好,然后说爱因斯坦、雪莱,还有很多其他人是"有灵性的"或是"有精神渴求"的无神论者?进一步来说,扩大宗教的范畴实际上表意更为明白,因为这样使有神论者与无神论者间的共通点不言自明。理查德·道金斯(Richard Dawkins)认为爱因斯坦的说法是在"破坏性地误导"。[6]他认为爱因斯坦所说的信仰意指宇宙乃是由基本物理定律支配的，但是他又认为"宗教"一词意味着一种"超自然"力量主导宇宙的信仰；因此，为了表意清晰，爱因斯坦应该明确地区分这两种信仰，而非将二者混为一谈。

但是爱因斯坦不仅是在说宇宙是由基本物理定律支配的；更重要的是，事实上，在我引用的那一段话里，他在肯定超自然。他所说的我们根本无法领略的美和崇高并不是自然的一部分；这种美与崇高是超越自然的，即便是我们完全掌握了最基本的物理定律，也是没有办法理解的。实际上，爱因斯坦是凭借信仰相信一种超自然的客观价值弥漫于宇宙；这种价值既不是一种自然现象，也不是一种对自然现象的主观反应。而正就是这种价值促使爱因斯坦坚称他自己是笃信宗教的。他认为没有任何其他词语能比宗教更好地来诠释他的信仰的本质。

所以我们应该让爱因斯坦用自己的语言来描述信仰，允许学者使用宽泛的概念范畴，而法官有他们自己的解释。可以说，宗教并不一定意味着对神的信仰。但是，如果承认一个不相信神的人可以笃信宗教，那么宗教的含义又是什么呢？而一种宗教性的对待世界的态度和一种非宗教性的对待世界的态度之间的区别又是什么呢？这些问题很难回答，因为"宗教"是一个解释性概念。[7] 也就是说，人们使用"宗教"这一概念时无法就其含义达成共识。当人们使用它时，实际上就已经采取了一种这个概念应该是什么的立场。当爱因斯坦说他自己是信仰宗教的，他想表达的意思可能与威廉·詹姆斯将一些体验归为宗教性体验时所表达的意思不一样。当最高法院的法官们认为无神论者的信仰在法律上有资格被作为宗教性信仰对待时，他们认为"宗教"一词所表达的意思可能和爱因斯坦想要说的也不一样。所以我们应该本着这种态度来考虑问题。如何解释宗教一词才能最好地揭示其所表达的意思呢？

我们好像必须马上应对这一挑战。但是，应该先停下来注意一下在何种背景下思考这个问题。宗教战争就如同癌症一样，是对人类的诅咒。在世界各地，人们互相残杀，因为他们憎恨对方的神。在相对温和的美国，人们主要在政治上拼杀；从区域性的学校董事会会议到全国性的选举，拼杀在各个层面展开。最激烈的斗争不是在不同的信仰神的教派之间展开，而是在那些狂热的信徒和无神论者之间开展的；无神论者被信徒认为是不能被信任的不道德的异教徒，并且其不断壮大的群体威胁着政治共同体的道德健康与尊严。

至少在当下，狂热的信徒在美国拥有强大的政治势力。所谓的右翼宗教人士组成的投票团体仍被热烈地追捧。可以预见，宗教的政治势力已经激起与之抗衡的，但还不是势均力敌的反对派。尽管其在政治上具有惰性，激进无神论者已经取得了巨大的商业成功。没有一个自称是无神论者的人在美国可以当选任何重要职位，但是理查德·道金斯的书《上帝的错觉》(*The God Delusion*, 2006) 已经卖出了数以百万册，并且美国的书店里面随处可见那些把宗教贬斥为迷信的书籍。几十年前，很少见到这些讥讽上帝的书籍。提起宗教，必然会想到《圣经》，但是已经没有人愿意不厌其烦地指出《圣经》里创造论中的无数错误。不会再有人这样做了。学者现在致力于反驳的那些信条，曾经被如今狂热的读者认为是过于愚蠢而不必反驳。 ⁹

如果我们可以将上帝从宗教中分离，如果我们能够逐渐明白什么才是一种真正的宗教观，进而明白这种宗教观并不要求也不需要假设一个超自然的人，我们就可以把科学问题与价值问题分离开来，至少可以给这些战争降降温。现在新的宗教战争实际上是文化战争。这些战争不仅是关于科学历史的战争，比如他们不仅是关于如何能够最好地解释人类的发展，从根本上说，这些战争关乎何种人生意义和什么才是有意义的生活。从逻辑出发，我们需要把正统的崇拜上帝的宗教中的科学部分和价值部分相分离。当我们恰当地分离二者，我们发现二者是完全独立的：价值部分并不依赖于，也不可能依赖于任何神的存在或是神的历史。如果我们接受这个观点，那么我们就可以大幅度地缩小战争的规模并降低其重要性。这些战争就不再会是文化战争。但是，这个抱负是不切实际的，因为在暴力的和非暴力的宗教战争中所展现的憎恨远非哲学能够抚平。不过，哲学探讨仍然是有益的。

什么是宗教？宗教形而上学的核心

那么，宗教态度应该是什么呢？我在此试图给出一个不太抽象的普遍性（ecumenical）解释。宗教态度承认价值是一种完整并且独立的现实。它承认以下两个核心价值判断的客观性。第一个判断认为人的生命具有客观意义与重要性。每一个人都有一种与生俱来、不可推卸的责任，这种责任要求他们尽量活得成功。这意味着活得有意义，接受对自我的伦理（ethical）责任和对别人的道德（moral）责任。不仅是因为我们碰巧认为这是重要的，更是因为无论我们怎么看，活得有意义本身就是重要的。第二个判断则认为我们称之为"自然"的，即整个宇宙以及它所包含的各个部分，不仅仅是一个客观事实，更重要的是其本身是崇高的，具有内在价值和奇迹。这两个全面的价值判断合起来揭示了生命在两个层面上的内在价值，即自然的和文化的。我们是自然的一部分，因为我们本身是一种物理性的存在，并且这个存在有一定期限。自然是我们肉体生命的轨迹和养分。脱离开自然是因为我们有意识地生活并且必须作出选择，而我们的选择从整体上决定我们如何生活。

对很多人来说，宗教的含义远不止于上述两个价值判断。比如，对很多有神论者来说，宗教还意味着崇拜的义务。但是，我认为这两点，即生活的内在意义和自然的内在之美，构成了一种彻底的宗教人生观的基本范式。这两点都是不能从生活的其他部分分离的信念。它们影响整个人。它们渗透到人们的阅历中，产生自豪、悔恨和震撼。而奥秘则是那震撼的一个重要部分。威廉·詹姆斯说过："如爱，如愤怒，如希望、抱负、嫉妒，如每一种本能的渴望和冲动，宗教为生活增添了一种魔力，而这种魔力是不能用理性或逻辑从其他任何事物上推断出的。"[8]这种魔力就是从看上去短暂而僵死的事物中发现超越的价值。

不过，宗教无神论者是如何知晓他们所信奉的各

11

种价值的呢？他们如何感知价值的世界，以检验那些他们投入了很多感情的有些天马行空的主张？信徒有神的权威来支持他们的信念，无神论者的信仰支撑点则似乎无处可寻。我们需要来探索一些形而上学的价值。[9]

这里所说的宗教观拒绝接受自然主义。自然主义指一种为很多人所接受的形而上学理论。这种理论认为，只有那些能被自然科学（包括心理学）研究的事物才是真实的。也就是说，物质（matter）和精神（mind）以外不存在任何其他东西。从根本上讲，像美好生活、正义、残忍，或是美，这类事物是不存在的。有些批判自然主义的人会不厌其烦地引用哈姆雷特的话："赫瑞修，天地间的事物远非你的哲学所能梦想。"理查德·道金斯认为，科学家对这些人恰当的回答应该是"说的没错，但是我们还在努力发展我们的哲学"。[10] 他这是在为自然主义者辩护。

有些自然主义者同时也是虚无主义者：他们说价值充其量只是幻觉。其他自然主义者承认在某种意义上价值是存在的，但是他们对价值的定义却否认了价值的独立存在：价值完全依赖于人的想法或是反应。比如，他们认为把一个人的行为描述为好或恰当，事实上仅仅意味着如果每个人都这样做，更多人的生活会变得美好。再比如，说一幅画是美丽的仅表示人们在观赏它的时候一般会从中获得乐趣。

宗教观否定任何形式的自然主义。它坚持认为价值是真实的，也是根本的，不仅仅是对其他事物的反映。价值的真实一如树木与痛苦的真实。宗教观同时也否定一种与之截然不同的，或可以称之为有理据的现实主义（grounded realism）的理论。这一理论同样为很多哲学家所接受。他们认为价值是真实的，而价值判断也可以是客观的。但是，这一理论有一个可能是错误的前提条件，就是除了我们自己对价值判断的信心之外，我们有充分的理由认为我们有能力发现与价值有关的真理。

有理据的现实主义有诸多形式：其中一种将我们进行价值判断的能力归于神，这就是有神论。（在下文中我会阐明这种把神作为所谓的基础是不可取的。）人们都承认如果价值判断能够站得住脚，那么一定有一些独立的原因使我们认定人有能力做出合理的道德判断。这里所说的独立的原因是不依赖于人的判断能力的。如果依赖于人的判断能力，那么对于价值的认识将听命于生物学或形而上学。如果说我们发现了确凿的证据证明我们之所以有这样的道德信念，是因为这种信念是适应自然选择的，而适应进化要求的价值当然不一定是真理。那么，从这点看，我们就没有理由认为残忍是不可容忍的。如果认为残忍的确有悖于真理，那么我们一定是认为会有其他方式来"感知"道德真理。

15　　宗教观要求一个彻底独立的价值世界，这个世界和自然历史或我们的心理感知力没有关系。我们没有理由容忍残忍，除非被有力的道德观点说服，相信残忍并非是完全错误的。我们自然要问：什么原因使我们认为会有能力作出可靠的价值判断？无理据的现实主义认为：唯一可能的原因是我们负责任地不断反思我们的道德信念并且认为这些信念是有说服力的。我们认为这些信念是真实的，而因此认为人们有能力发现真理。如果假设关于价值的信念只是互相支撑的幻觉，我们如何才能否定这个假设呢？无理据的现实主义回答：假设是理解事物的唯一途径。这个问题表明没有足够的依据来支撑我们的任何一个道德判断，但是仍可以通过道德辩论来支撑一些道德判断。

16　　上面提到过，宗教观要求价值的完全独立：价值的世界是自成一体、自我论证的。这种循环论证会不会否定宗教观？其实，在循环论证以外，并没有任何方式能够验证我们在知识领域获取真理的能力。我们通过实验和观察验证科学上的观点。但是实验和观察的可靠性依赖于科学上关于因果关系以及光学上的基本假设，只不过这些基本假设无法被证实。当然，我们对于外部世界性质的判断根本上就是依赖于一个普遍的假设，就是存在一个外部世界，而科学是无法证明这个假设的。

我们觉得不可能不相信基本数学公式，以及数学家推导出的令人惊异的复杂定理。但是我们却无法用数学以外的方法来证明这些基本公式，或是推导公式的数学论证方法。在这种情况下，我们就觉得不需要独立的论证：对逻辑和数学真理，我们有与生俱来的感知力。但是如何知道我们有这种能力？仅仅因为我们在这些领域形成了一些信念，而这些信念是我们无法否定的。所以我们就应该有这样的感知力。

我们或许可以说，是自信心使我们相信我们有基本的科学和数学能力。宗教观要求我们也用同样的方式信奉价值：凭借信心。这里有一个显著的差别。对于站得住脚的科学观点和合理的数学证明，我们有一致认可的标准，但是针对价值进行的道德或其他形式的推理，我们没有公认的标准。相反，对于何为善良、合理、美好以及正义，我们无法达成一致。这是否说明我们有能力对科学和数学进行外部验证，而在价值领域我们缺少这种能力？

实际情况并非如此，因为人们能否达成共识在任何领域都不是一种外部验证。科学原则只能是通过由科学方法所得出的研究成果来证实；虽然其要求对观察结果达成共识，但这种共识并不能算是外部验证。也就是说，科学是一个紧密联系的整体：它不依赖于科学以外的事物。而逻辑学和数学则不同。对复杂数学论证合理性的共识并不能说明论证的合理性。如果人类突然对数学和逻辑学的基本观点无法达成一致，那会怎么样？这个假设带来不可名状的恐惧。人类将会陷入不可逆转的衰退。但是没有人有任何理由怀疑五加七等于十二。价值则又不同，如果价值是客观的，那么对于某一个价值判断能否达成共识与该价值是否为真理，或是人们是否有责任信奉该价值并无关系。实际上，无论好坏，人类已经在对道德、伦理和美这些价值无法达成共识的情况下活了很久了。就宗教观而言，讨论人们能否达成共识是无关紧要的。

我的意思是宗教观最终是需要信仰来支撑的。我
在上一段主要是想说科学和数学同样也是关乎信仰的。在每个领域中，我们都接受了我们所感知的不可逃避的信念，而不是依靠某种独立的证明方式来决定我们可以信仰什么。这种信仰并不仅是被动地接受这样一个观念上的真理，就是说我们无法在科学、逻辑和价值以外找到可以支撑科学、逻辑和价值的方式。这种

信仰是在肯定这些领域的真实性，同时也是在肯定我们的信心：尽管我们的判断可能是错误的，但是如果我们已经反复并且负责任地思考过了，我们就可以相信判断是正确的。

然而，价值不同于科学和逻辑，因为对价值的信念意味着更多。这种信念是感情化的，所以不管怎样考察其逻辑关联性或内在基础，它都需要在感情上说得通。信念还要能彻底地抓住一个人。神学家常说宗教信仰是一种独特的经历。鲁道夫·奥托（Rudolf Otto）在其一部极具有影响力的书中把这种经历称为"超自然的"，[11] 并且说这是一种"信仰－知识"。我 ₂₀ 想说的是，对于价值的信念是复杂的、独特的、感情化的经历。在第二章中我们就会看到，当科学家面对宇宙无法想象的广博和原子、粒子惊人的复杂构造时，他们产生了一种感情化的反应。这种反应与奥托所形容的经历令人感到惊异地相似。事实上，他们中的很多人恰恰就用了"超自然的"来形容自己的感受。他们发现宇宙是令人敬畏的，并且其应该得到一种近乎是战栗的感情化的回应。

当然，谈及信仰，我不是要说经过反复思考的道德信念可以自圆其说。关乎真理的信念属于心理范畴，只有价值判断可以为该信念中的真理辩护。当然，我也不是要说价值判断归根到底只是主观的。我们主观感知到的像残忍是不可容忍的信念，反映了我们相信残忍在客观上的确是不可容忍的；我们主观上的信念都是我们认为在客观上也成立的。承认可以被感知的、无法拒绝的信念在我们价值体验中的作用就承认了我们有这些信念，并且这些信念经得起负责任的深思熟虑，同时也承认了我们在缺少进一步的证据或是观点的情况下，没有理由怀疑它们。

我将无法说服你们中的一些人。这些人会认为，如果我们只能通过一些价值判断来捍卫另外一些价值判断，并且说我们信奉这样的一个体系，那么我们所说的客观真理就是靠不住的。虽然似曾相识，这个挑战却不能与宗教观抗衡，而只是对这样一种世界观的拒绝。它否认了宗教观的基本信条，顶多只是产生了一个僵局。这种人就是没有宗教观的人。

宗教科学与宗教价值

我在上文已经阐述了为什么应该把我所描述的态度作为一种宗教观来看，以及为什么我们应该意识到无神论宗教的可能性。我们希望更好地来了解，为何很多人都认为他们在生活中所感受到的价值感、神秘感，或是目的感与他们所持有的无神论观点是不相容的，为什么他们把这些价值与传统宗教的价值以这种方式相关联。我们也希望产生出一种对宗教的理解，并且我们可以用它解释被广为接受的宗教自由权的观点，这是第三章要做的事情。现在，我想来探索另一个把我所描述的态度看作一种宗教观的原因，这个原因也更为复杂。有神论者认为他们的价值现实主义是有理据的现实主义。他们认为是神给予并且保证了他们所认识到的价值，对于生命的责任以及宇宙所蕴含的奇迹。然而，事实上，他们的现实主义说来说去还是无理据的。也恰恰是由于价值独立于包括神的历史在内的历史，他们的信仰才是可以说得通的。

我的观点的核心是如下假设。即人们所熟知的包括犹太教、基督教和伊斯兰教在内的传统有神的宗教有两个部分：科学部分和价值部分。科学部分回答重 ²³ 要的事实性问题，这类问题包括宇宙的开端和历史、生命的起源，以及死后是否会再生。科学部分宣称一个全知全能的神创造宇宙、审判人类、保障来世，并且回应祷告。当然，这并不是说这些宗教对神的存在以及目的提供了一个所谓科学性的观点。我只是想说，很多宗教对事实性问题以及历史上和当下的因果提出了一些主张。一些信徒也确是以辩护科学观点的方式来为这些主张说话；其他人则宣称他们是凭借信心来相信这些主张，或是通过圣书中提供的证据来相信。此处我不是依照信徒们辩护的方式，而是按照这些主张的内容把他们归为科学性的主张。

传统有神的宗教在其价值部分给出了各种信条。这些信条关乎人应该如何生活以及应该珍惜什么。这些信条中的一些是对神作出的承诺，也就是说，这些承诺依赖于神的存在，并且也是因为神的存在才有意义。关乎神的信条指出了敬拜神、向神祷告、顺从神，并且服从神所代表宗教的约束。但是其他的宗教价值并非是关乎神的，它们至少在形式上独立于神。我在前面指出的两个构成基本宗教范式的宗教价值正是在这个意义上是独立的。无神论宗教的追随者并不信仰神，并且他们否定传统宗教的科学部分以及像祭祀仪式这样的对神的义务。但是他们承认以下两点的客观性：人如何生活，以及每一个人都有的一种与生俱来无法推卸的、在任何情况下以最好的方式生活的伦理责任。他们还承认自然不只是被抛入历史长河中的粒子，而是具有内在美与奇迹的存在。

传统宗教的科学部分无法支撑其价值部分。简而言之，因为二者在概念上相互独立。生命不会因为一位饱含爱的神就充满意义或价值。宇宙也不会因为神就被赋予内在美。任何对生命意义或自然奇迹的判定不会仅仅依赖于一种描述性的真理，无论这种描述性真理是多么崇高或神秘，这种判定最终还要依托于更为基本的价值判断。关于神创造苍穹、天堂与地狱、海洋与陆地的生物，以及天堂之光、地狱之火，或是引发海洋巨变、使死人复生的神迹都与价值无关。这些故事与友情和家庭的持久价值、慈善的重要性、日落的壮丽，或是面对宇宙时所应表现的敬畏，乃至对造物主应有的仰慕无关。

我无意在本书中驳斥传统亚伯拉罕宗教的科学部分。我不是要说创造天堂和博爱万物的神不存在。我只是想说，这样一位神的存在无法保证宗教价值就是真理。若神存于世，他或许可以把人送入天堂或打入 _26_ 地狱。但是他无法凭借自己的意志回答道德问题并给出恰当的答复，或是使宇宙充满其本没有的光辉与荣耀。神的存在或其属性只能有限地为宗教价值辩护，只能作为一种事实来引入一些不同的、独立的前提性价值判断，就是说，神的存在只能作为一个次要的前提。当然，信仰神可以在很大程度上塑造一个人的生活。信仰能否做到这一点以及如何做到这一点取决于这位神的属性和信仰的深度。一个明显的例子是，一位相信得罪神就会下地狱的人很可能与一位没有信仰的人所过的生活大相径庭。但是神并不决定怎样得罪他属于道德上的错误。

现在，我要依靠一条重要的概念性原则，它被称为"休谟"原则，因为这位18世纪的苏格兰哲学家为这项原则辩护过。[12] 根据这条原则，世界是怎样的、曾经是怎样的，或将会是怎样的，科学事实无法支持价值判断。这种价值判断包括伦理、道德和美学方面的主张。其他的一些东西总是必要的。比如，前提性价值判断是需要的；它可以解释为何科学事实是相关的，并且为何其有一定重要性。每当有人在受苦或面临危险，如果能帮上忙，我就在道德上有责任这样做。痛苦或危险，这摆在眼前的事实似乎可以仅凭其自身产生一种道德责任。但表象是骗人的：痛苦或危险不能产生道德责任，除非人所共有的一种普遍责任要求我们减轻或预防痛苦，这种普遍责任在此作为一种前提性道德真理存在。很多时候，在这种情况下，前提性原则太过明显，使我们觉得它不值一提。但它依然必须存在，并且必须将一般事实与它所支持的更为具体的道德、伦理，或是美学判断相连接。

我承认，一位超自然、全知全能，并且充满爱的人格化的神的存在是一种非常奇特的事实。但它仍然是科学事实，而只有存在相关的前提性道德原则，这种科学事实才可以影响价值判断。这很重要，因为如果可以引用其他价值来对这些前提性价值进行辩护，这些前提性价值就可以通过被放入一个联系紧密、自圆其说的价值体系内得到证实。如我在解释宗教观时所坚持的，这些前提性价值只可能在价值体系中得到验证。

　　除非存在着独立的前提性原则，并且它们解释了为什么，神的存在才可以在为某种特定的价值信念辩护时是必要的或是充分的。我们可能会被这样的一些原理说服。比如说，我们或许认为圣子在十字架上牺牲生命赋予了人一种向上帝报恩的责任，我们也因此要捍卫并且遵守圣子以生命来拥护的原则。或是说我们需要敬仰创造我们的神，就像我们需要敬畏父母一样，不同的是对神的敬仰必须是无尽的、慷慨的。信徒不会觉得构建类似的原则是一件麻烦事。但是，无论他们引用什么原则，在被仅仅作为道德主张或是其他价值主张时，这些原则必须具有独立的力量。有神论者应该对这类原则有一种独立于上帝的信仰，他们必须相信这种原则，而非相信其所宣称的神迹或是其他的什么。划分有神论宗教和无神论宗教的标准是有神论宗教中的科学部分，而统一两者的是他们对价值的信仰，而后者比前者要重要得多。

29

23

神秘感和可知性

　　善于雄辩的神学家无疑会认为我的说法是无知和幼稚的。在他们看来，我做了一系列关于事实与价值的假设，虽然这些假设在一般的世俗生活中成立，但它们在天国却未必成立。因此，我必须强调我的假设是有限度的。我并非假设所有信徒都以字面意思接受《圣经》中的创造论。我承认一些神学家所说的神创万物的认识从根本上不同于任何一种我们所熟悉的创造形式，而这种观点的基础是神创论本身是可以被理解的。我同时也知道很多神学家认为神创天地是神秘的，并且可能超越了人所能解释的范围。

　　无论如何，神的创造都必须是智能主体的作为，这几乎是对任何有神论概念的最低要求。如果某种形式的创造主体不能构成有神论的科学部分，那么就很难预见有神论还剩下什么了。所以我相信，对那些觉得我的观点无知的人来说，有这样一个挑战：有没有一种智能主体可以通过自己的行为来产生价值？这个智能主体可以是我们不熟悉的。我所说的宗教观认为事物无法仅凭其自身使价值判断成为真理，一些前提性假设是需要的，因为这些假设可以使该事物为价值判断辩护。哪怕我们设想出一种超出人类认知范围的神创论谜题，这种概念性的原则也是说不通的。31即使坚持说神的存在和他的福祉是以某种方式相互融合的，我们还是无法解释这一概念性原则，这种原则只是被搁置起来了，并且连搁置的原因都没有。我们必须要将神秘和不可知性区分开。即便是神秘的，我们如何才能理解神意可以凭其自身创造价值？

非人格神：保罗·蒂利希、斯宾诺莎以及泛神论

至此，我一直在假设神的概念是清晰明了的，并且宗教有神论者和宗教无神论者之间的区别是显而易见的。但是事实并非如此，因为没有什么比神的概念还要模糊了：有神论和无神论之间的区别也因此不再清晰。人们发现并且创造出不同种类的神。种类繁多的所谓异教神一直存在。他们最为恰当的代表是奥林匹斯的希腊众神。他们是永生的，具有超人的能力与32恶习，他们虚荣、爱妒忌、复仇心重，并且在其他方面也是可怕的。这些众多的异教神被蓬勃发展的亚伯拉罕宗教中的一位西斯廷神代替，这位神在天花板上创造生命，并且在幕后，以圣子的名义将人送入天堂

或打入地狱。就是这位西斯廷神主导着当下实践中的有神论：他全知全能，并且对自己所创造的生命非常感兴趣。在 17 世纪出现了一位不同的神，尽管他的信众不算很多。这位标新立异的神（bookmark God）解释了科学无法解释的问题。他不像西斯廷神那样参与世俗事务，但是对科学尚未回答的问题，他都随时准备回答，比如宇宙的存在以及属性。具体来说，他并不去挑战进化论的统治地位，相反，他支持进化论，以使其可以被用来解释宇宙。总之，科学可以解释的33 多一点，他能够说的就少一点。

包括标新立异的神在内的这些神都是人格神。但是一些人说他们相信一位非人格神。他们并不是说他们的神没有人情味，比如举止孤傲。他们的意思是，他们的神不是人。我们可能会问，一位非人格神是什么样的？没有神和有一位非人格神之间的区别又是什么？我们假设一位人格神具有人所具有的所有能力——特别是他有头脑、意志力，以及用意志力所践行的一系列目的。他的这些能力强大到无法想象；那些信仰他的人无法设想一种更伟大的智慧或更强大的神意。但是头脑、目的和意志力都是人的属性，而没有人就谈不上目的了；再者说，强大的智慧、意志力和目的所需要的是一个完人，而不是非人。

那么，一位非人格神是怎样的？显而易见，这不
是对神的隐喻。回答问题时，人们说"神知道"，他们
实际上在说没人知道。爱因斯坦就经常会这样说。对
于他来说，这样说是在开玩笑。爱因斯坦还说，他曾
经想看到神的心意，并且很好奇神在创造宇宙时是否
有选择。这种隐喻是基于假设的。对于很多这样说的
人，这种假设是反事实的。假如神真的存在，除了神
以外没有人会知道。如果真的是神创造了宇宙，他对
使用哪一条物理定律有选择吗？他会被数学定理完全
捆住手脚吗？这些都不是在为非人格神说话。相反，
不管多少，这种表达里的隐喻都源于一位想象出来的
人格神。

为了给非人格神找到更有意思的候选人，我们必
须转向哲学。极具影响力的德国神学家保罗·蒂利希
曾经说过，人格神的概念只可以理解为是一种象征，
我们或许可以把其象征的事物理解为非人格神。蒂利
希说：

> 存在和意义之间巨大差距的这种体现创造出
> 现代神学所谓的"超自然体验"……对大部分人
> 来说，这种经历的产生与一些人、历史或自然事
> 件、实物、文字、图片、音乐、梦想等在灵魂上

留下的印记有关。这种经历创造出一种神圣的感觉，这种神圣的感觉就是一种"超自然"状态。宗教在这种感觉中发展，并且试图去保持我们这种感觉的神性。但是，因为这种感觉无法被任何客观概念所描绘，它必须以符号来表达。人格化的神就是一个这样的符号。根据古典神学的普遍观点，事实上在教会的各个历史时期，"人格化"这个词用来形容神的时候只是一种象征或比喻，或者就是在肯定的同时带有否定……没有"无神论"中的一些元素，"有神论"也无法成立。[13]

蒂利希的神学思想非常复杂，仅关注一个段落或许并不明智。但是，这一段仍然是引人入胜的。他说宗教必须歌颂人格神的存在，但对此不能只从字面理解。宗教用人格神这个概念来表示语言所无法描绘的，而只有同时也否定人格神的含义，这种表述才恰当。他并不是要说人格神所象征的东西或许称其为非人格神会更准确。他的意思是表达宗教体验带来的感触要求同时肯定和否定人格神。在描绘这种体验的"超自然"属性时，他所用的术语更倾向于价值部分，而不是传统宗教的科学部分。这样一来，宗教无神论者也同样可以理解这种体验。他引用了爱因斯坦提到的一种"对于存在中体现的壮观理性的谦卑态度"，蒂利希说，这种态度指：

> 整个物理世界和上述个人价值的共同点。一方面，这种共同点体现在（物理世界的）存在结构以及（像美好、真诚和美）价值上面；另一方面，则深不可测。[14]

这样一来，爱因斯坦和蒂利希的区别似乎是：他们共有一种宗教观，爱因斯坦认为这种宗教观最好的表达是否认一位人格神。而尽管有些神秘，蒂利希则认为最好是同时否定和肯定神。也许我们应该说，蒂利希既是一位宗教有神论者也是一位宗教无神论者，因为他相信，宗教体验的"超自然性"消除了二者间的差别。

现在轮到了更有意思的巴鲁赫·斯宾诺莎的例子。³⁸斯宾诺莎于 1632 年出生在阿姆斯特丹市的葡萄牙犹太社区，这个社区是被西班牙的宗教裁判所强迫离开伊比利亚的。斯宾诺莎被阿姆斯特丹的拉比逐出教会，因为据这些拉比讲，斯宾诺莎是无神论者。但是事实上，斯宾诺莎的"神"在他复杂的理性主义形而上学中占据核心主导地位。一个世纪以后的浪漫主义者因此说他"对上帝如醉如痴"。

斯宾诺莎被同辈看作无神论者的原因是显而易见的。他否认了任何宗教团体有可能称之为神的存在。现在，人们多认为他说的神与自然共存，并非是无神。他说上帝即为一切，而一切即为上帝。事实上，他至少是有一次把"上帝"当成了自然的另一种说法。所以说，斯宾诺莎的上帝并不是一种独立于万物之外的智能主体，他也无法通过意志力来开天辟地，或是创造支配万物的物理定律。从另一个方面来看，他的上帝是一套完整的物理定律。不像《圣经》中的上帝，这位上帝采取行动时漫无目的。要是来回答爱因斯坦戏谑的问题，斯宾诺莎的上帝也无法选择是什么或将会是什么。因为上帝体现了自然的法则，上帝就不能违背这些规律行事，而是机械地、确定地行动。事物也就是他们本来的样子。[15]

为何不直接否认这个装门面的神呢？如果自然可以被理解为一种决定万物的物理定律，并且它创造万物时并没有任何抱负、计划，或是目的，为何还要引入神呢？有人说，斯宾诺莎在写作的时候过着非常私密的生活，并不渴求名望和认可，他文章的风格也艰涩难懂，而尽管这样，他还是希望能有几个读者可以理解他的真实观点。也许他只是把上帝像五彩纸屑一样洒在字里行间来进一步遮掩他鲜明的无神论。但是这似乎极不可能。不管怎样，斯宾诺莎已经被认为是无神论者。并且他的上帝也不是点缀，而是核心。因此，我们需要更好地解释为何斯宾诺莎要谈上帝。

许多学者认为斯宾诺莎是"泛神论者"，就是说斯宾诺莎认为万物皆上帝。哲学家对如何定义泛神论者意见不一。一位研究斯宾诺莎的学者斯蒂芬·纳德勒（Stephen Nadler）认为斯宾诺莎并非是泛神论者。因为，在他看来，泛神论者崇拜自然的原因是自然体现了他们的神，但是斯宾诺莎却不认为这种观点是可取的。[16] 然而，对这种说法，我们必须要谨慎。爱因斯坦经常将斯宾诺莎当作一位先行者来引用他的话：他说斯宾诺莎的神也是他的神。爱因斯坦并不相信一位人格神，但是他却"崇拜"自然。他对自然充满敬畏，并且认为他和其他科学家应该在自然的美丽和神秘面前谦卑。爱因斯坦所展现出的是一种对自然的宗教信仰。而斯宾诺莎却并不认为宇宙是美的。他毫不掩饰地说自然既不美也不丑，他认为自然从美学上讲是中性的。但是他并不认为自然在道德上和伦理上也是中性的。他认为人活着的最佳方式就是努力获取关于自然基本规律的知识。他还认为自然是正义的基础，也是他所支持的自由主义个人和政治道德的根基。一位

杰出的斯宾诺莎研究权威斯图尔特·汉普夏尔（Stuart
Hampshire）这样描述斯宾诺莎的宗教观：

> 使道德事实成为真理的根基并非是基督教传
> 说中上帝作为圣父和上帝作为圣子的权威，而是
> 现实的结构以及人在其中的位置。这种根基应该
> 来源于现实的固定构造，部分如何组成整体，进
> 而个人如何按照凝聚力和稳定性的普遍规律组成
> 社会整体。[17]

理查德·道金斯认为，泛神论只是"粉饰过"的
无神论。我明白他的意思，但是说"粉饰"实在是非
常不合适，因为有广告噱头的嫌疑。道金斯还说当泛
神论者提到上帝的时候，他们说的不过是物理定律。
只要我们明白道金斯说的泛神论者只谈论物理现实，
道金斯的这种说法就也有些道理。道金斯的两则观点
都忽略了至关重要的一点：斯宾诺莎和很多自称泛神
论者的人信仰一种宗教观，这种宗教观以对待上帝的
态度对待他们所说的自然，或者也可以说他们认为自
然中有一位非人格神。他们中的一些人说这种态度反
映了一种"超自然"的体验——这种体验是非理性的，
并且在情感上深深地打动人心。我上文中也还提到过

蒂利希说的"超自然体验"。著名的天文学家卡尔·萨根（Carl Sagan）并不信仰人格神，在描述自己的信仰时，他也用了"超自然"一词。用一位评论员的话讲，萨根的意思是他"敬仰宇宙。他完全地充满敬畏、赞叹之情，以及一种对归属于一个星球、一个星系、一个宇宙的奇妙感觉；这种感觉激发起的热爱与献身之情绝不亚于它所引发的探索愿望"。[18]

对于泛神论者来说，超自然的体验是真实存在的体验，而这一点则被道金斯忽略了。这种体验并不是一种传统和内容都可以被进化的优势或是被某种深层心理需求解释的情感体验。泛神论者相信在他们的体验里有奇迹、美、道德真理、意义，或是其他价值。泛神论者的这种观点源于一种信念，如果认识不到这种观点指向一种真实的价值，就无法准确地理解它。我们不应该说包括斯宾诺莎在内的泛神论者尽管不信仰一位人格神，却崇拜一位非人格神。应该说把这些泛神论者称为宗教无神论者会更加恰当。在下一章，我们有这个议题下关于价值的另一例。我们也不再需要非人格神这个模糊不清的概念了。

第二章
宇　宙

物理学与无法测度的美和庄严

我们注意到很多自然的美，像雄伟的峡谷、绚丽的落日、潜行的捷豹，还有诗人眼中那令人黯然神伤的小小白玫瑰。对于自然主义者来说，这些美不过是我们看到自然风光时的一种反应。简言之，就是我们从中获取的乐趣。从宗教观的角度讲，美的感受来源于自然固有的美。换言之，自然原本就旖旎多姿，它的美并非是源于它令人叹为观止的表象。这不是有理据的现实主义。我们认为，我们不具有能被某种方式独立验证的发现美的特殊能力。但是，我们却知道日落之美。

然而，我们从自然中领会到的美在某种意义上是特殊的、令人费解的。第一眼看到大峡谷，你便如醉如痴。你发现它令人敬畏。后来你得知大峡谷是最近才被迪士尼的天才建筑师和艺术家建造出来的，并且它或许会成为全球最大的主题公园。也许你会钦佩这些艺术家和这个项目的宏伟抱负，但是初见大峡谷时的那种奇妙感已了无踪影。再来想想绮丽的花朵。你得知它是制作精良的日本仿真花，与真花在颜色、形态、质地以及气味方面都无法分辨。你欣赏这种工艺，但是初见时那种奇妙的魅力却不见了。结论似乎显而易见。大自然不仅是包含着本身就是美的事物，这些事物的美好也依赖于它们是自然的结晶，而非人类用智力和技术生产出来的。

在另一些情况下，我们更看重人的创造力，并且轻视那些被偶然创造出的东西。杰克逊·波洛克（Jackson Pollock）的作品《蓝色枝条》（*Blue Poles*）是奇妙的。但是哪怕是一副与之近乎一样的画，如果是涂料厂发生爆炸的结果，除了引起好奇心之外将会毫无价值。可是大峡谷的震撼人心却正因为它是偶然天成，而非人为设计的产物。如何解释这种差别呢？我们可以假设，由于自然作为一个整体是美的，其在细节上也将具有独特的美。大峡谷是一种异乎寻常的巧合。它属于那壮丽的关乎起源与进化的传说，而传说的作者则被人格化为自然。

在第一章，我们谈到宗教态度让我们感到对自己和他人生命的责任。现在，我们将视线从这种填补了很多人生活的宗教态度上转移，来谈一下天体之美这种非比寻常的宗教价值。这种美使爱因斯坦和很多科学家陶醉。有神论者认为是上帝谱写了这种美；他们相信是上帝有意创造了大峡谷，尽管上帝可能没有引起涂料厂的爆炸。但是，一位被大峡谷的美所震撼的无神论者则需要用其他方式来解释，为何大峡谷作为进化过程的一个片段给予了它特殊的魅力。这一定是 *48* 因为这种进化过程和它所创造的宇宙本身就是美的源泉。然而，自然主义者不会有这种想法。对于自然主义者来说，只有在我们视线内可以带给我们乐趣的那部分宇宙才是美的，而宇宙作为一个整体就是一团茫茫不可估量的气体和能量的偶合。相反，宗教则认为宇宙是一种复杂深刻同时闪耀着美的秩序。这种古老的信念曾是包括像柏拉图、奥古斯丁、蒂利希和爱因斯坦在内的所有时代的哲学家、神学家和科学家的坚定信仰。显而易见，有神论者认为宇宙具有上帝至圣之美的原因是，它原本就被创造为美的。现在我们来考虑，为何一位宗教无神论者也会有同样的信念。

对宗教无神论者来说，这必须从科学入手。他必须依靠物理学和宇宙哲学，而非神学。也就是说，科学必须使宗教无神论者能够对宇宙之美窥见一斑。但是这种对于美的信念本身并非科学；不管物理学可以使我们得到关于暗物质、星系、光子和夸克的何种知识，宗教的问题依然存在。在什么意义上，由这些部分组成的宇宙是美的？我认为对于这个问题的答案仍然是模糊的。宇宙哲学和粒子物理学最引人瞩目的研究成果至今都还没有描绘出一种与宗教科学家所持观点相一致的宇宙；物理学至今都还没有发现一种我们可以认知的宇宙之美。因此，对于宇宙之美的宗教信仰超过了科学所能解释的范畴。在这个意义上，宗教的两个分支——有神论和无神论倾向于统一。虽然是以不同的方式，但二者都是凭借信仰。

　　我在第一章中已经引用过爱因斯坦的话。他说"宗教性的真正核心"是欣赏宇宙"耀眼的美"。他还说："那种神秘是我们可以体验的极致的美。它是所有真正的艺术和科学的源泉。那些无法体会这种感受的人，那些不能在面对宇宙之美时驻足品味，而且全神贯注地肃穆站立的人，他们和死人的区别不大，因为他们的眼睛都是闭着的。"[1]爱因斯坦毕生致力于解开他脑海中的这些谜题，而这些谜题也是我们当下的功课。我期望你们会觉得"美"是一个太普通也太有限的词，这个词不足以捕获爱因斯坦描述的包括了惊异、狂喜和敬畏等情感的反应。这些都是不同的看法。根据我的了解，科学家用"美"来涵盖所有这些具有美的特征的事物，并且我也相信这个词凭借其广度和不确定性可以包含我想要探索的那种现象。

显而易见，爱因斯坦对自然之美的信仰不是特例。在最前沿从事研究的很多物理学家也有同样的信仰。我的阅读范围包括了像《优雅的宇宙》《令人敬畏的对称美》《于现代物理学中寻找美》《深处的风景：粒子物理学的惊人之美》[2]这样的一些书。这些科学家都继承了爱因斯坦的抱负，他们常说："爱因斯坦想透彻地了解宇宙是如何运转的。这样一来，我们就可以对它纯粹的美和优雅肃然起敬[3]。"这些书丝毫没有暗示宇宙之美是源于神，而且这些作者也没有否认神创论（divine creation），但是他们说宇宙无限大也无限地小，其本身就是美的，并且这与谁创造了宇宙没有关系。他们都认为宇宙之美是客观的。

但是从我对这些书的粗浅理解来看，这些作者没有充分地回答，甚至没有恰当地意识到本章的两个核心问题。首先，在物理学家的实际研究与推测中，信仰客观的美发挥了什么作用？诺贝尔奖得主史蒂芬·温伯格（Steven Weinberg）说：

不仅在发展新的理论上，甚至在判断物理理论的正确性时，物理学家一次又一次地遵循着他们的美感。似乎是我们在学习如何预知自然在其最基本层面的美。最为鼓舞人心的是，我们距离发现自然的根本规律不远了。[4]

这表明科学假说所展现出来的美可以被用来证明其真实性。但这怎么可能呢？一种理论是否美和它是否成立似乎是两个迥然不同的问题。反过来，我们能否说一个被判定为真理的科学假说所体现出的美仅仅是一种巧合？难道"自然的根本规律"是美的，只是一种幸运的偶然吗？但是，如果是这样，温伯格为何认为现行理论看上去的美是"令人鼓舞的"呢？在美作为证据和作为巧合之外，我们能否想象出美的其他作用呢？

再者，温伯格和其他物理学家脑海中的美是怎样的？在星系与夸克的翩翩起舞间，他们希望发现何种美？在日常生活中，我们了解到很多美的层面。人所展现的美不同于挺拔的建筑物或是精致的国际象棋组合所展现的美。在宇宙间或是在一粒原子中，我们振振有词地希望找到的又是众多美中的哪一种？我们对于宇宙或是原子没有经验。那么，我们可以假设这些事物具有何种美呢？我们必须逐一思考这两个问题。

美如何指导科学研究？

如何将宇宙之美这样一种理念应用在粒子物理、天体物理和宇宙学的实际研究中？像上文中提到的，最直接的应用就是用一种理论展现出的美来判断该理论是否成立。这样一来，一种比较美的理论可以仅仅因为它的美就更有可能是真理。诗人约翰·济慈（John Keats）曾经说，美不只是证据，而是确凿的证据。他写道："美即为真理；真理即为美"，"这是所有的，这是你在地球上所知道的，也是你需要知道的"。[5] 根据这种观点，对于解释万物的终极理论，如果我们已经有了几种假设，却缺少从实验或是观察中获取的决定性证据来证实这几种假设中的一个，那么它们中最美的那个就最有可能成立。

自然主义者当然会拒绝这种观点。对于他们来说，美无法佐证真理，因为真理关乎事物是怎么样，而美 则关乎我们认为什么是美。我们可能认为最美的理论是一只站在无限堆叠的乌龟壳上的大象支撑着地球，但是这根本无法说明宇宙是由乌龟堆叠而成。但是，信仰西斯廷神的科学家接受过济慈的理论。因为西斯廷神是一位万无一失的裁定美的法官，而他会希望宇宙是美的，所以科学家认为美在天文学中可以佐证真理。圆形是美的，所以环绕太阳的行星轨道很可能是圆形。尽管约翰内斯·开普勒的观察结果与他得出的结论相矛盾，一开始他也认同圆形轨道的说法，然而最终，他改变了主意，并且趋向于他观察的结果。于他而言，我们或许可以说，美能在一定程度上佐证天文真理，但是通过观察获得的证据最终压倒了美。

然而，承认宇宙之美的当代科学家并不相信是一位具有神性的艺术家创造了万物，这些科学家也因此认为美不可以佐证真理。还有什么其他原因来说服他们呢？有些科学哲学家提出了一个强有力的概念链：他们说美在一定程度上定义了科学真理。比如，当物理学家说一个理论成立时，除了其他含义，他们还想说这个理论是美的。这种观点将济慈的观点延伸了一层。也就是说，美不仅可以佐证真理，它还在一定程度上是真理的一部分。[6] 但是，在面对物理世界时，大多数显赫的物理学家仍是坚定的现实主义者。这些物理学家相信是某种规律在支配宇宙，并且他们的任务就是发现这种规律。他们认为一种理论是否成立与其是否美完全是两回事。然而，相较于复杂的理论，他们确是偏好简单的理论；相较于笨拙的理论，他们则

42

更喜欢优雅的理论。但是他们觉得承认宇宙之美未免有点戏剧化。他们认为这样看待科学并不仅仅是给科学真理下了一个语义学上的定义。

但是一些伟大的科学家在实践中并不是现实主义 56 者。在他们看来，物理学家并非是要发现一种完全独立于精神的理论来揭示宇宙规律。相反，这种看法是曲解了物理学。斯蒂芬·霍金最近描绘了他的"模型－依赖"科学认识论。实际上，多种不同的模型都可以解释宇宙学发展史上任一特定时刻观测到的数据。

当这样的一种模型成功地解释了一些现象，我们倾向于认为这种模型以及构成它的要素和概念具有现实的属性，或是绝对真理的特质。但是，可能有多种不同的方式来对同一物理状态进行建模，并且每一种建模方式都使用了不同的基本元素和概念。如果两种这样的理论或是模型都准确地预测了同一现象，就不能说一种模型比另一种模型更贴近现实。[7]

然而，我们还是在两种模型间进行了取舍，尽管我们总是以包括简单和优雅在内的理由暂时搁置起新的观测证据，这种针对宇宙现实的"模型－依赖"理 57

论却是以一种特殊的方式将美纳入了真理的范畴。换句话讲，美一次又一次地影响了我们对于真理的判断。

但是我在上文说过，大多数物理学家践行现实主义。他们认为存在着一个独立于精神的宇宙，并且他们必须竭力探索和揭示这个宇宙的规律。他们无法想象美可以佐证真理，更想不到美在一定程度上能定义真理。是不是最好换一种方式来解释他们的立场？应该说他们对宇宙终将是美的见解越来越有信心？物理学家用最佳的科学方法探求一种宏大统一的理论，并且从几种备选理论中选择那些经得起实验检测的。然后，以一种独立的美学角度审视他们得出的理论。从这个角度看，根据某种独立的标准，如果最后未被淘汰的理论揭示出某种宇宙之美，那就是一种收获了。但是这仅仅是我在上文驳回的"巧合"的观点。像温伯格这样的科学家对美的看法并不比霍金的"模型－依赖"认识论更有道理。

首先，基于上述观点来肯定美还为时过早。相信宇宙之美的物理学家们必须承认他们现在对于宇宙的了解微乎其微。他们已经确定了自然界中的四种基本力。引力使诸如星星、星系和人的大型物体相互吸引；电磁力的一种表现形式是光；强核力使得质子和中子在原子的核心凝聚；弱核力引发核衰变。爱因斯坦关于引力的理论已经太过深入人心，使得否认它变得近乎不可能。几十年来杰出的物理学家已经发展出了一套解释其他三种力的理论，这种理论被称为标准模型。这种理论也已经被一次又一次地验证，几近天衣无缝。比如，这种理论成功地预测了一种未知粒子希格斯玻色子（the Higgs boson）的发现。在我写作的时候，物理学家们战战兢兢地相信这种粒子确是在日内瓦附近的欧洲核子研究中心（CERN）的巨型加速器中被发现的。

　　但是问题仍然存在。或许最戏剧化的是这两种近乎完美的理论无法相容。爱因斯坦的引力理论和解释另外三种力的标准模型不可能同时作为绝对的一般性真理成立。物理学家梦想着找到一种可以调和这两种理论的"终极"理论。这种"终极"理论通过找到两种理论中相似的部分来说明引力和其他三种力在根本上是一种力。数十年来，物理学家致力于寻找这种"量子引力理论"，但是至今未获成功。他们中的很多人推测弦理论（string theory）可以调和这两种理论。这种弦理论认为宇宙最为基本的构造是无限小的一维弦，这种一维弦在十维空间内震动。但是一些物理学家驳斥了这种观点，而支持这种观点的物理学家至今都还没有构造出一组说得通的方程组来描述弦震动。

标准模型没有提供任何理论基础。再者，标准模型鉴别出的粒子必须通过观察来确定诸如相对质量一类的性质，但是观察显得随意，缺乏严谨性。不管怎样，物理学家现在认为96%的物质是"暗"物质和能量。然而，这两种互不相容的主流理论却无法解释这种现象。一部分物理学家认为我们的宇宙是独一无二的。另一部分认为它只是无数个宇宙中的一个，而这些宇宙分散在我们无法想象的众多空间内。在一种他们知之甚少的整体存在中，物理学家觉察到了美。所以，负责任的物理学家并不认为他们对宇宙的探索已经足以有把握地说宇宙是美的。

然而，还有第三种更具有说服力的可能性。宇宙之美既不是一种证据，也不是一种巧合，而是一种推定，也可以说是在某个方面的一种推定。那些相信宇宙中蕴含着壮丽之美的物理学家也相信其中包含着根本性的统一。这些物理学家认为，存在着一种全面、简洁、集大成的理论来解释宇宙的起源与发展规律。这种有待发现的理论可以解释宇宙中最小的微粒和最为浩瀚的星系。温伯格将这种追求描绘为"终极理论之梦"。出人意料的是，尽管现代物理学存在着无数未解的谜题和巨大的不确定性，这个梦想仍获得了物理学家的广泛认同。当然，这个梦想也不是人所共有。比如，在《创世边缘的一滴泪》（*A Tear at the Edge of Creation*）一书中，马塞洛·戈里瑟（Marcelo Gleiser）就对此持保留态度。[8] 他怀疑宇宙终归不是统一的，而是凌乱的。因此，他认为宇宙不是美的。他认为只有人的生命才可能有内在价值，而无生命的宇宙则不具备内在价值。他还说美存在于我们的生命和我们的创造里，而非存在于毫无意识的星系和原子中。他主张我们自身就是奇妙美好的。如果不存在一种集大成的理论，那么太空中就没有什么奇妙的了。

终极理论的存在和宇宙超然的美是联系紧密的双生推定。二者间的联系意味着后者依赖于前者。这种联系也使人产生一种期待，就是终极理论将闪耀着超然的美。当然，这绝非是建立在狭隘的科学经验主义观念上的假设。实际上，建立在这一观念上的科学目标仅限于成功地解释和预测可以被观察的万物。在 20 世纪 60 年代，随着用于检测亚原子粒子的加速器技术的发展，大量全新的独立粒子被正式发现。各种类型的轻子和胶子就是在这一时期被发现的。物理学家抱怨说他们只是发现了一个杂乱无序的动物园，他们还说下一个发现新粒子的人应该被处以罚款。寻求一种全面并且前后逻辑一致的理论来解释一切能被观察到的事物是一种纯粹的科学理想。但是这种科学理想无法排除物理学家所说的动物园。设想一下，利用现有的技术，科学家们可以将他们已经发现的亚粒子列成一个详细的单子。在这张单子上，他们还能完整地描述出每个粒子相较于其他粒子在所有物理环境下的表现。再设想一下，这个列表一次又一次精准地预测了观测到的现象。然而科学理论终究是有限的。如果说该理论最多是被观测结果和准确的预测所证实，这是不是会影响这种终极理论的全面性或是预测值呢？

然而，出色的科学家并不会止步于这类拼写列表式的理论。他们不满足于发现一群杂乱无章的粒子，而这种不满足激发他们去探寻更为基本的粒子。他们期望这些基本粒子的性质可以解释由它们组成的较大粒子的性质以及表现。穆雷·盖尔曼（Murray Gell-Mann）的研究在发现基本粒子上具有开创性。他从詹姆斯·乔伊斯（James Joyce）的小说《芬尼根的守灵夜》（*Finnegans Wake*）中借来"夸克"一词，并且用这个词来命名基本粒子。事实上，夸克虽然数量繁多，但种类相对较少，因此大大地缩小了动物园的规模。这个规模较小的动物园是一项重要进展。但是如果相较于我们又臭又长的列表，夸克的研究不能确保准确地预测自然现象，我们也无法说夸克提供了更为全面可靠的解释。不懈地探求更为简洁也更为全面的科学理论不仅仅是为了靠近真理，它同时也必须是对美的探求。

我们在前文否定了的这些解释，即美可以佐证或部分地定义真理，或物理学的研究可以使我们有信心地说宇宙之美纯属偶然，犯了方向性的错误。物理学家在研究中发现的美来源于想象。他们设想了一种终极的、无所不包的美，这种美的光芒照耀着通向它的每一步。在说美的时候，他们似乎在暗示一种未知的、神秘的终极之美。我们下面将要思考的是这种终极之美可能会是什么样的。不过，我们首先应该指出，大多数物理学家的信念很自然地属于我们已经构建好的范围。换句话说，他们所感触到的宇宙的崇高之美并不依赖于上帝的存在。尽管很多物理学家会毫无疑问地否认这种描述，但这是宗教无神论的一个例子。

但这可能是一种怎样的美？

日常生活中遇到的美的形式和维度都归于一种习以为常的美，而我们想象中无形的宇宙所展现的美则是另一种美。我们必须试图找到这两种美之间的某种共同点。然而，针对这种宇宙之美来定义出一种全新形式的美其实用处不大。需要说明的是，为何我们希

望发现的美是我们所熟知的美。我在上文解释了美在
科学研究中的作用，这为我们所探寻的美增加了另一
个条件，即我们必须找到一种美或美的形式来支持我
关于美的推定。我们找到的美要能将科学家对于美的
推定合理化。对于那些致力于用一种常人可以理解的、
根本性的、终极性的理论来解释万物的科学家来说，
如何才能使他们假定该终极理论将会闪耀着壮丽的美。
如果我们不能合理化这种推定，我们就没有真正地回
答第一个问题，也没有解释美的推定在科学研究和推
测中的作用。

我们必须要试图满足这两个条件，一个是对于美
的要求，另一个是我上文说的假设。这其实和我们解
联立方程的方法差不多，就是找到一种美的观念来同
时满足这两项条件。我们可能会被一个简单的解决方
案所诱惑，即找到一种解释宇宙万物的完善的理论，
这样就自然地说明了宇宙具有某种奇妙的美。仅因为
可以被理解，它就是美的。但是，如果这种终极全面
的理论像我所描述的杂乱无序的粒子动物园，并且这
种理论还需要一台超大型计算机连续工作数小时来处
理一连串复杂公式，那么这种理论还会展现出宇宙之
美吗？或者说其展现出的是戈里瑟所说的杂乱无章更
为合适？那么是不是应该说只有简单的终极理论才是

美的？不过，什么样的理论才算是简单并不那么清楚。再者，无论如何，要求简单更甚于要求一种全面的解释。更何况，我们还需要说明何种形式的简单才算是美的。更重要的是，我们需要解释原因。一些经济学家认为所有人类的行为都被一种对自身经济利益的狭隘理解所驱动，这种经济学理论似乎应该是行为理论中最简单的。但是仅仅作为理论来说，它并不比一种更为细致复杂，并且为利他主义留有余地的理论美。那么我们又可不可以说，三招之内将死对手的国际象棋组合比那些同样迅猛但是二十招才将死对手的组合要美？

所以解答我们的联立方程并不那么容易。我们需要一种美的独立观念，并且这种观念要和终极理论之梦紧密配合。我们可能需要从反思我们所熟悉的美的 ₆₈形式和维度开始。我们可以恰当地将这些不同的美安排在一个从纯感性到纯智性的标尺上。几乎所有我们欣赏的美都可以在这个标尺上找到位置。毫无疑问，这里有纯粹地由色彩感带来美感的例子。但是，大多数人所谓的包括人、绘画以及歌曲在内的感性美实际上在一定的程度上倾向于智性美。我们通过知识或是假想的过滤镜来感知美。对于建筑、诗歌和严肃的音乐，这似乎是显而易见的。这些都有直接的吸引力，但是这种吸引力依赖于一系列有关历史和其他方面的假设。我们发现一些伟大的作品令人陶醉，它们会使人立即作出感性化的回应。但是这种回应中渗透着一种观念，比如说，这幅画是罗斯科（Rothko）所作，或许在他事业某一个阶段他的画带有某些意图或是信念等，诸如此类的观念。越靠近于智性美，知觉和感受起的作用就越小。至于说像二十招的象棋组合、机智的法庭辩论，以及数学证明所展现的美则可以完全归于智性美。

对称美？

不管将宇宙视为一个整体还是一个由无穷小的部分构成的组织，宇宙可能具有的任何形式的美都应该归于智性美。既然我们无法想象宇宙的全景或是其中的微粒，怎么可能在感官上对其产生任何反应？然而数量可观的物理学家们回答了这个问题。乍一看，他们似乎将物理学世界中的美与我们熟知的感官上的美联系起来。物理学家认为宇宙之美和大多数习以为常的美都基于对称美。比如，在一部关于根本物理世界之美的书中，徐一鸿（Anthony Zee）引用了布莱克（Blake）写虎的诗句"令人敬畏的对称美"作为题目。

我们当然觉得对称是悦目的。再者说，我们欣赏的美大都展现出经典和富有魅力的对称性。泰姬陵、安吉丽娜·朱莉的脸以及显微镜下雪花的六角对称都是这样的例子。我还会在下文提到对称性的假设在理论物理中发挥关键作用，并且近来这种作用日益趋于主导。现在的问题是，我们赏心悦目并且习以为常的对称美和物理学家所说的对称美是否足够相似。如果足够相似，我们就可以通过生活中的对称性美来理解宇宙之美。

我们应该先着眼于对称性的一般定义。严格地说，这个定义既适用于宇宙学也适用于生活中的例子。对称性意味着经过特定转变或是替换后的不变性。如果经过某种转变后事物并无改变，那么就可以说这种事物相对这种转变来说具有对称性。比如，球体在所有维度具有旋转对称：无论它转向三个维度中的哪一个，都没有什么变化。反过来，方形在一维具有九十度的对称：只有当它做九十度平面内旋转时，它才是对称的。雪花具有六边形对称性：当它旋转六十度时，它是对称的。泰姬陵具有九十度的旋转对称性。安吉丽娜·朱莉的脸具有镜面对称性：她的脸在一面全开的镜子里看起来是对称的。

这些都是我们习以为常的对称，而他们不同于物理学中的对称。物理学中最重要的对称可能也最为明显。比如，无论时间、空间和方位如何转换，自然最基本的法则不变。无论是在冰岛、智利，或是三亿光年以外的系外行星，同一实验总是证明相同的规律。虽然马萨诸塞和罗得岛执行不同的法律，但是自然规律在哪里都一样。这些我们或许都可以称为物理学中的背景对称性。更为具体的对称性或许也显得更引人注目。在他的狭义相对论中，爱因斯坦认为相同的物理定律适用于两个速度相异但是各自速度恒定的实验体。从每一个实验体的角度看，光都以相同的速度传播。在他的广义理论中，他认为相同的物理定律对于两个移动速度相异并且加速度也相异的实验体来说也是恒定的。也就是说，对于二者的任何一个，光传播的速度是一样的。诺贝尔奖获得者戴维·格罗斯（David Gross）写道："爱因斯坦在 1905 年取得的重大进展是将对称放到了首屈一指的位置，他将对称视为自然的首要法则，并且认为是对称美在限定自然界中可能存在的动态定律。"[9] 标准模型成功的关键在于它在粒子和力的根本方程中展现出的对称美。

布莱恩·格林（Brian Greene）谈到物理学家时说：

> 物理学家也认为（他们的）……理论着眼于

正确的方向，因为某种难以描绘的感觉告诉他们这是合理的。而这种感觉的关键在于对称……解释电磁力和强、弱核力的理论建立于某种更为抽象但同样至关重要的对称原则上。所以自然界中的对称并非仅是自然法则作用的结果。从我们现代的角度看，对称是规律得以发展的根基。[10]

然而，我们并不关心对称能否作为科学上求索"终极"理论的关键，我们的问题是其能否解释更进一步的推定，即终极理论将闪耀着绚烂的美，物理学家似乎这样认为。习以为常的对称大多赏心悦目，并且我们倾向于欣赏建筑物和脸部的对称美，也经常被不对称搅扰。我因此觉得物理学家可能会被科学和艺术的结合所吸引。但是直接将宇宙之美等同于对称难免显得过于仓促。就迄今为止发现的宇宙来说，对称美的确令人惊异，以至于我们觉得对称美会在我所描绘的终极宇宙之美中发挥某种不可小视的作用。但是我们需要一个更深层次的解释来说明原因。

为何将宇宙之美等同于对称美过于仓促？首先生活中的对称不一定赏心悦目。我们觉得最为悦目的是镜像以及旋转对称，但是这些对称大多是无聊的，而非美的。一片没有沙丘和阴影的沙漠在我们的视线范围内具有完整的旋转对称；无论我们转向哪里，这片沙漠看起来都一样。然而这种景象是乏味的。一片有不规则的沙丘和阴影点缀的沙漠则是壮丽的。

再者，我们必须要意识到我们习以为常的对称性的概念是模糊的，并且这种模糊意味深远。当我们赞美对称时，我们想到的并非是任何形式的不变性。当我们说一幅画或一篇韵文展现出对称美时，是想说它蕴含着某种令人愉悦的平衡，尽管它可能没有展现出旋转对称或是其他任何严格意义上的对称。《新美语词典》认为这种用法是"特殊的"，并且将其定义为"事物的某个部分具有的赏心悦目的比例"。一幢明显不对称的建筑物可能在这个意义上具有对称美。理查德·罗杰斯（Richard Rogers）设计的位于伦敦的劳埃德大厦和雷姆·库哈斯（Rem Koolhaas）设计的位于北京的央视大楼都是这样的例子。但是艺术作品中单纯的对称不一定悦目，它也可能显得呆板。对称是否美受很多因素影响。由于我们觉得对称美是赏心悦目的，它更接近于我们习以为常的感官上的美。而物理定律中蕴含的对称美则更接近于纯粹的智性美。如果这些物理定律赋予了宇宙某种美，一定也是纯粹的智性美。这种美深藏于解释这种对称的方程组和定律中。比如，精确简明的数学证明中包含的纯粹的智性美。但是对

56

称之于智性美而言，并非不可或缺。人们不会认为应用了回环方法（palindromes）的数学证明或是法律论证更美。

在任何情况下，从我们的视角看，物理学家说的不对称和对称至少是同等重要的。比如说，尽管从多种角度看宇宙是对称的，其在时间上并不对称。未来与过去在任一时间点上都不一样。宇宙中的每一种粒子都有与之相配的反粒子；当二者相遇时，他们同归于尽。幸运的是，粒子的数量多于反粒子。如果二者数量对称，万物就不存在了。物理学家发现的一些最令人难忘的对称实际上仅在宇宙诞生后存在了极短的时间，并且现在只有在与世隔绝的巨大的粒子加速器中才可能重建这些对称。宇宙诞生后所发生的一切都是由于这种平衡被立即打破了。宇宙诞生时的对称有重大理论意义，但是仅因为那片刻的对称，我们就可以说宇宙是美的吗？是的，我们必须要意识到对称于宇宙之美意义深远。像格林说的，我们需要考虑到物理学家的"直觉"。我们还是需要更深入地钻研来解释这种信仰。

宇宙是否受客观规律支配？

宇宙是否受某种客观规律支配？这是一个古老的

哲学问题。这种规律会不会是偶成的？理论物理会不会有一天撞墙了，没什么可以研究了？其尽头会不会指向某种巧合？

哲学家戈特弗里德·莱布尼茨认为诸如此类的客观规律毫无意义。他说除非有"充分的理由"否则什么都不会发生。莱布尼茨认为，上帝创造了宇宙是一个宇宙按照上帝的意愿运转的充分理由。（莱布尼茨因此断定我们的世界是所有可能的世界中最好的，因为上帝没有理由不这样做。伏尔泰在他的戏剧《老实人》中杜撰出莱布尼茨的门徒愚蠢的邦葛罗斯博士来讽刺这种观点。）然而，包括物理学家在内的很多伟大的科学家都认为世界本就是这样的，而科学最终也只能指向这种世界。伯特兰·罗素说过："宇宙是一种客观存在，它就在那里存在着。"[11]理查德·费曼（Richard Feynman）被认为是爱因斯坦之后最重要的物理学家，他说他希望解释事物如何运转，而并非为什么以某种方式运转。他说我们必须去接受"自然本来的面目——这是荒唐的"。[12]

常识站在莱布尼茨一边。人们很自然地认为无论宇宙以何种方式运转都有因可寻。如果爱因斯坦的理论无法解释宇宙大爆炸时的世界，一定有更好的理论可以解释。我们不能说该理论无法应用于微小物质，就止步不前。当然，有神论者和莱布尼茨一样相信万事万物都是有原因的，而这原因就是上帝。但是，如果无神论者认为宇宙以某种方式运转，而却无法对其进行解释，他们就一定和罗素一样认为宇宙是某种偶然，这实在令人难以接受。

事实上在某些情况下，我们必须接受终结原因的答案。比如你问我为何喜欢杏仁，我会明确地回答："我就是喜欢。"我不否认心理学或基因学可能会给出更进一步的解答，尽管我想不出那是什么。但是你在提问时并非是想要这种答案。你希望得到某种能够解释动机的答案，但是于此我没什么可说的。我甚至无法解释我为何无话可说。动机性的解释总会终止于某处。于我，当我说"我就是喜欢"的时候，它就终止了。然而，物理学的解释就意味着解释之路的尽头。如果其无法解释宇宙的诞生和发展，那么就不存在这样的理论。

当然，解释自然现象可以依赖于偶然性和可能性。至少从某些角度看，量子力学认为微粒的运动具有完全不确定性。微粒以不确定的方式消失或重现于无法预知的位置。但是量子理论家为了使他们的理论能被接受，解释了概率如何确保我们在微观世界中同样拥有宏观世界中的稳健的可预见性。不确定性就以这种方式在他们的理论中出现。但概率之所以是概率，是因何故？量子理论至今无法给出答案。而如果宇宙是一起偶然事件的假设成立，那么或许根本就没有答案。最终，我们可能不得不说饼干自己就这样碎裂了。

然而这还是不能令人深感满意。一方面，在未来物理学发展的任意一点，科学家根本不可能找到任何理由说他们已经到达了终点，已经触碰到了无法解释的偶然性。他们找不到任何理由否定数学或其概念上的突破将有打破现有僵局的可能性。但这意味着科学家不可能接受宇宙不过就是这样的或那样的。即使宇宙真的就是这样或是那样，也没有人会相信。

再者，从一位宗教无神论者的角度看，有某种令人黯然伤神的理由使这些宗教无神论者不悦。如果宇宙仅仅是这样或那样，并且无因可寻，那么就无法说宇宙是美的或是令人敬畏的。可能宇宙恰巧是美的。更糟的是，由于不知道宇宙为何是这样或是那样，我们无法判断宇宙究竟是不是美的，尽管这种美只是巧合。

我们是不是因此走到了这一古老哲学难题答案的反面？我们必须说对于宇宙的探索没有终点？根本没有"终极"理论？理论将会面对无穷无尽的诘问，而我们无法设想到达终点？这看上去至少也同样令人不满。科学家们根本没有任何理由去相信这样的结果。

而他们又如何能知道一个真正的终极理论不是指日可
待呢？这里有一个更为基本的难题：如果理论陷入无
限的诘问中，我们将永远找不到任何理由对任何解释
有完全的信心。因为某种更进一步的理论可能会表明
一些基本假设不成立，至少是表明我们从中得出的推
论不可靠。

在任何一种情况下，这种备选答案，对于一位信
仰宇宙之美的无神论者来说都不那么友好。并且出于
同样的原因，对于美的假设也是对于事物自然状态的
假设——这种信仰认为宇宙在终极理论中是美的。但
是如果没有终点，没有终极理论，这种推定就说不通。
如果我们必须接受一种陷入无限诘问中的理论，那么
美也就是肤浅的。

必然性和宇宙

显而易见，宇宙是否被某种客观规律支配这一经
典哲学问题有两个答案。如果止步于任何一个，就放
弃了我在上文提到的那个颇受欢迎的假设——如果有
了某种包罗万象的理论，就可以一劳永逸地理解宇宙
了。而如果承认宇宙的浩瀚无边和复杂性是一种无法
解释的偶然或是一个永远解不开的谜题，我们就不了

解宇宙。然而，还有第三种可能性。让物理学家乔治·马瑟（George Musser）来解释这第三种可能性。

（物理学家）试图用几个公式来解释整个宇宙。这几个公式最好简洁到可以印在时髦的年轻人穿的 T 恤衫上。然而事实上，物理学家的"制衣"雄心要比这更为谦卑；他们希望找到显而易见到根本无需印在 T 恤衫上的理论……他们相信能够证实宇宙是这样的，是因为没有其他的可能性……物理学的任一分支都很难找到一种前后一致的理论，因为美妙的假设有受其内部矛盾的重压而崩溃的坏习惯。事实上，到现在还没有构建出一种引力的量子理论反倒是一件令物理学家们高兴的事。因为当他们真的想出一种理论的时候，他们就可以有信心地说该理论一定是对的，因为不会再有什么可选方案了 [13]。

爱因斯坦也持相同的观点。尽管他不信仰上帝，他还是和很多人一样喜欢用比喻的方式援引上帝来描述终极真理。当他听说量子力学中的不确定性原则时，他认为那说不通，因为"上帝不会和宇宙掷骰子"。他觉得能够解释整个宇宙的真理不会是偶然的。它必须是一种必然的真理。或许并非像马瑟说的是"极其明显的"，但仍然是不可忽视的。

这听起来有些神秘。宇宙怎么会必然是某种样子呢？这种论断远甚于人所熟知的生理和心理决定论。它认为未来完全由过去决定。如果掌握了自然规律，并且知道在过去任一时间点世界的状态，那么我们就可以完全预知未来将会发生的一切。很多人觉得决定论最可怕的后果乃是使人缺少自由意志。以为自己可以做决定只不过是一种幻觉，因为自然规律支配着我们的大脑。关于必然性的论断比这更甚。它不仅认为自然规律和过去某一时间点的状态决定未来，更强调自然规律本身和起点也是确定的。

这样一种强烈的主张如何自圆其说？设想一下，"终极"理论提出了一套规律来解释宇宙的起源以及它作为整体和每一个部分的状况。这种终极理论可以解释现状并且预测未来所有的观测结果。我们进一步假设对任何细节的改动将有损该理论的解释力，任一改动都会使其自相矛盾。温伯格心中的终极理论要满足这些要求。

一旦你了解爱因斯坦的一般物理原理，你就会明白他不会推导出与现有的引力理论大相径庭的理论。他在提到广义相对论时说:"该理论主要的吸引力在于逻辑。"如果由其推导的一个结论被证明是错误的,就必须要放弃整套理论。在不摧毁理论整体结构的前提下,对其进行任何修改似乎是不可能的。[14]

我们说这样的理论具有"强大的整体性"。然而这种强大的整体性不能仅凭其自身就走出我描绘的哲学困境。哪怕一个理论满足了所有这些条件,我们仍有理由怀疑这种具有强大整体性的理论只不过是偶然,或者我们会想能不能找到某种理论来说明为何满足了这些条件的理论具有整体性。因此我们有第二个条件,即我们想象中的这种理论必须以某种方式来保护它的整体性。这种理论需要从内部产生某种原因,说明进一步的诘问毫无意义。

我认为科学上的必然性意味着受保护的整体性。我将会给出一些现代物理学中试图保护整体性的例子。但是首先要注意到,我们熟悉的有神论宗教的科学部分实际上就是在满足第二个条件。在所有传统的有神论宗教中,都有一种人所熟知的说法,就是只有承认全知全能的上帝创造了万事万物,我们才能够解释世界的复杂性，特别是人类生活的非凡复杂性。一旦接受这种说法，我们所做的、所观察到的都可以归于上帝；从而，由于上帝的意志，我们的所行与所见都是必然。莱布尼茨的说法是一个简单明了的例子。但是我们还没有走出哲学上的困境。怎样解释上帝的存在？是偶然吗？如果是的话，万事万物不过是一种可笑的巧合。反过来，是否有某种理论来解释上帝的存在？若如此，我们就陷入一种无尽的诘问。有神论宗教的科学部分必须能屏蔽这些问题。

从柏拉图开始，这种哲学困境本身被认为是一种保护。这种思想在亚里士多德的《物理学》和《形而上学》中最为明确。由于有原因的一切存在都有理由，而无休止的诘问又不可能，所以一定有一个"无前因的"的原因存在。这就是第一推力，是上帝。在中世纪哲学中，这种逻辑变得更为复杂。圣安塞姆（St. Anselm）发展出一种以本体论为形式的辩词。他说由于上帝的概念本身预设了他的存在，并且我们也能够理解上帝这一概念，所以上帝必然存在。换句话说，上帝是一种概念上的必要性。认为上帝的存在是偶然或是追寻上帝存在的原因都毫无意义。这种辩词也有另外一些形式。比如，由于上帝是永恒的，他不存在于时间中，而我们只有在时间语境下才可以谈偶然或是原因。圣奥古斯丁（St. Augustine）的话大意也是如此：上帝创造了时间，所以追溯上帝之前发生的事情是无意义的。很多理论上的足智多谋都被用在这类辩词上，而我们知道这些都是试图为有神论宗教科学的整体性提供保护。

数学有强大的整体性。否定数学真命题将不可避免地削弱整个系统的整体性。而我们需要保护这种整体性：需要解释为何探究数学真理的必然性是不恰当的。为了做到这一点，我们可以重温第一章中提到的数学概念的孤立性：一旦明白了数学是什么，我们就知道，只有数学定理可以被用来支持或反对数学命题。说明五加七为何等于十二或许需要数学证明。但是如果要求这种证明来源于数学外部，就毫无意义。这样一来就保护了数学的必要性。第一章中我在价值领域也提出了相同的受保护的整体性主张：这是我提出的无理据的价值现实主义的一部分。一种健全的道德信念体系具有强大的整体性。这意味着对于个人或是政治道德的论断互相支持。如数学一样，这种整体性是受保护的，因为价值判断只可以相互支撑。[15]

我们可以轻松地明白，为何在数学和价值领域可以免受关于起源或是因果出处问题的困扰。但是物理学的边缘仍属于物理学的一部分，所以就谈不上领域独立。宇宙学必须能够从其自身产生出独立性，所以我们还要回到物理学。物理学家经常要求理论具有强大的整体性，而我在上文也引用了爱因斯坦、温伯格和马瑟对这种需求的陈述。成功的量子引力学说将提供一种包罗万象的理论来解释引力和标准模型。这将显著地提高物理学的整体性：也意味着如果改动任一方程，该理论作为一个整体将受到致命伤，从而要求一种全新的理论来替代它。最近人们在短时间内想过中微子可能比光传播得快。若果真如此，粒子物理学和宇宙学将遭受令人畏忌的重创。这种后果将是一次地震。

对称对于强大的整体性至关重要。如果我们无法假设支配局部现象的规律在时空上的偏远地域仍然有效，并且电子和质子的相对重量不变，我们就无法得出具有强大整体性的理论。夸克取代粒子动物园显著地提高了理论的整体性。当粒子处于杂乱无序的状态时，他们之间没有联系，一种粒子在很多方面的变化无法影响到其他的粒子；夸克凭借其种类和规律创造出一种整体性。而物理学的新发现则进一步大幅提高了这种整体性。简单来说，这种新发现就是像电磁力和"强"核力这样的自然界中两种明显不同的力并不相互独立，而他们之间的相互作用也并非必须从外部解释；事实上，二者由更为基本的规律支配。而这种规律也将两种力统一。

物理学至今还不具有整体性。更确切地说，引力量子理论的缺位本身就是在持续颠覆物理学的整体性。但是我们现在必须接受的是，哪怕是找到一种完全整合在一起的理论来解释万物，我们还是无法应对那个经典哲学问题的挑战。假使某种弦理论最终被构建出来，并且用马瑟的话说这种理论"非常明显"：它被证明是唯一可以提供必要的统一融贯的理论。或许我们还是要问，这种解释量子引力的理论是否是某种偶然？是不是在某个时间点上它突然开始在十个维度振动？或者有没有更为基本的理论来解释弦的振动？如果有，怎么来解释这种理论？

科学像神学一样在概念范畴中寻求它需要的保护。（世俗科学在这个方面已经变得与神学极其相似。）至少在一段时间内宇宙学家们普遍坚信，时空最初起源于宇宙大爆炸，所以追问那之前发生了什么毫无意义。问这种问题和问北极以北是什么同样愚蠢。显而易见宇宙的历史有一百四十亿年，因为时间的历史也这么长；但是，譬如说我们不知道宇宙大爆炸之前的历史有多久，如果我们说不出宇宙不存在的时间有多长，那么进一步追问宇宙大爆炸缘何发生也就说不通。因为解释物理现象以因果关系为前提，而因果关系则需要在时间和空间内才能发挥效应。所以理论必须，也不得不止步于对于宇宙大爆炸的描述以及对其所导致的后果的探究。没有什么无穷尽的溯源，因为根本就不会有溯源。同样，我们也不需要承认宇宙是一种凌乱的偶合。我们的确无法解释为何宇宙间存在这些规律；认为一件事情是偶然的就意味着存有其他的可能性，但是我们却无法说在宇宙大爆炸之外还有什么其他的可能。我们需要了解宇宙大爆炸时的状况才可以判定它是否是一种偶然或是判断其发生的概率，而我们甚至无法说宇宙大爆炸确实发生过，更不用说怎样发生了。

94

这种现在或许过时了的说法表明，有效的保护必须来源于其所要保护的理论，而非硬贴上去。这种说法的关键就是时间和规律起源于宇宙大爆炸，因此对于宇宙大爆炸时的状态我们无话可说。但是近些年人们提出了一种更为包罗万象的宇宙学，并且已经对其有了一定程度的探究。这种宇宙学认为，我们的宇宙并非是独特的；相反，它是"多元宇宙"的一部分，这种多元宇宙由无法计数乃至无穷多的宇宙构成。这众多的宇宙形成了一种极其庞大的"景观"：宇宙不断地涌现就像是小火熬的燕麦粥上的泡泡。现在已经有

95

多种理论试图解释为何多元宇宙中会产生出离散的宇宙。比如一种理论认为多元宇宙不断地以指数速度膨胀，使得部分从整体中分离出来成为具有独立因果体系的宇宙。或是新的宇宙经过创造宇宙的连锁反应产生于现有宇宙的黑洞中。还有就是宇宙通过非物质空间内量子的波动产生，从某个角度讲这是在说宇宙的产生是无中生有。

多元宇宙的设想有效地回应了一种有神论的普遍观点。我们的宇宙恰巧能够使生命得以繁衍；如果其在某些方面作出微小改变，比如使宇宙扩张并且抵消星系间引力的力在强度上有丝毫改变，任何形式的生命都将无法存活。这样一个通常被称为是"以人类为中心的"原则常被用来支持有神论。宇宙如此精心地准备着生命的到来，这不能只是意外。这种意外的可能性太微乎其微。一定有某种解释，而唯一可以想到的解释就是神创论。多元宇宙的假设旨在回应这种观点。宇宙为生命做的精心准备并非偶然，而我们也不需要一位开天辟地的上帝来解释这种以人类为中心的原则。如果存在着令人难以置信的众多宇宙不断地诞生和死亡，那么就不可避免地存在着至少一个按照我们的自然法则运转的宇宙。不存在这样一个宇宙的可能性也是微乎其微的。

在数十亿适宜生命繁衍的宇宙中，生命出现于我们这个宇宙是否是某种巧合？当然不是。生命还可以在什么其他地方出现？但是为何我们不能追问多元宇宙存在的原因？这是否是个巧合？或者我们能不能解释为何它应该存在？我们再一次通过假设一个独特的宇宙来保护我们的理论。为了免受无穷的诘问，我们又一次指出，尽管可能认为存在着其他宇宙，在概念上我们无法探寻这些宇宙诞生和消亡的原因，因为哪怕确实存在着由其他宇宙构成的主体，我们从这个宇宙的运行规律中得出的因果关系的概念也无法适用于其他宇宙。像这样从概念上保护理论的尝试是无法穷尽的，再者说至今还没有一个完全整合的理论需要我们去保护。但是这些尝试都满足了我们说的必然性的条件。它们都从需要保护的理论内部产生，而非是被机械化地强加上去。

必然性之美

一种包罗万象的"终极"理论将在尽可能大的范围和尽可能多的细节上体现出自然规律的必然性。这里的必然性指的是逻辑上的必然性。如果这种对必然性的认识大致正确，我们就可以解答第一个联立方程了。对必然性的认识将物理学的核心推定为宇宙是可知的，与一种可能贴近很多物理学家主张的宇宙之美相结合。物理学家在这样一种或许可以称之为事实的状态中感知到了美：浩瀚的空间以及微小的存在间都蕴含着支配万物的法则；二者所体现的法则相互交织，相互依存，并且互为解释，以至于牵一发将会动全身。

但是我们现在面临着另一个挑战。这真的是美吗？我们终将冷漠地审视这种必然性：它不过是气体和能源的某种价值中立的属性。我在第一章提到的持怀疑态度的自然主义者大概就是这样想的。这种必然性可能令他们兴奋或愉悦。也或许令他们产生近似于在面对壮丽的日落或对称的建筑物时产生的情绪反应。然而我关心的则是一种非比寻常的感受，这种感受是那些认为宇宙的美与电子、头痛和星系都是同样真实的科学家所说的奇迹。只有将必然性理解为真实的美的一个维度或方面，我们才可以理解这种奇迹。这种真实的美是广义的，涵盖了从纯智性美到纯感性美之间的所有美。

然而，一旦在美中探寻必然性，就会很快发现它。我们欣赏那些伟大艺术作品的部分原因是其组成元素联系紧密，相互依存，牵一发而动全身，这其实就是我们说的必然性。这种必然性可以用我提出的物理学术语"完全整合"来描述。进一步来说，与物理学一样，这些作品的边界不是随意的，而是由其内部决定的。比如一篇小说有自己的开篇和结尾，我们或许会问为什么它在这里开始：解答这个问题可以根据现有的艺术理论将小说的开篇看成是一个文学问题，这个问题的答案存在于小说的内部。和宇宙学一样，艺术也需要有某种关于艺术价值的理论，这种理论通过限定分析和解释的框架来维护我们追求的整体性。我现 100在需要用一些例子来阐明这些抽象概述，但是在这之前我要明确地提出一些限定条件。显而易见，我试图描述的这种整体性并不足以支撑起伟大的，哪怕是说得过去的艺术作品：它只是艺术价值的一个方面。并且这种整体性对艺术来说也不是不可或缺的，一些艺术作品不仅不以这种整体性为目标，反而试图反其道而行之：偶发艺术、无调音乐、行为绘画以及意识流小说都是这样的例子。

温伯格比较过物理学和艺术，我们不妨将这作为第一个例子。他写道："在拉斐尔的《神圣家族》（*Holy Family*）中，画布上每一个人物的位置都是完美的。这张画可能不是你最喜欢的，但是当你欣赏这幅画的时候，你想不出拉斐尔可以怎样进一步修饰这幅画。"[16] 这或许有轻微的夸张，但也只是轻微的夸张。 101

在初见很多伟大的作品时我们都被这种必然性吸引。我们觉得一丝一毫都不能改变，否则就是巨大的灾难；美将变得世俗，必然变成偶然。当约瑟夫皇帝对莫扎特说他的《费加罗的婚礼》有太多的音符时，莫扎特不解地回答说刚刚好，而事实上也是这样的。哪怕是最令人惊异的诗句在其神秘的意境中也显示出了必然性。我们情不自禁地被调性音乐所感染，企盼着最终向和谐过渡；当这种转变最终到来时，我们认为它是最合适的，不可能有第二种可能性了。在聆听中我们意识到这种优美的和弦是必然的。

在《使节》（*The Ambassadors*）一书的序言中，亨利·詹姆斯 (Henry James) 从艺术家的角度阐述了这一点。

因为戏剧家受他的天才所支配，往往不只是相信从构想得当的紧凑的处境中可能产生的正确结局，他考虑的远不止于此——他无法抗拒地相信，凭借着任何一个值得信赖的暗示，处境必须安排得非常"紧凑"（不管结局如何。）

由于我如此竭力抓住不放的就是这样一种值得信赖的暗示，那么必然会以这一暗示为中心的故事又将是什么样的呢？这类问题所具有的魅力一部分就表现在，由于"故事"的征兆真实，正如我所说的那样，从这个阶段起，它就显现出具体存在的真实性。这样，它在本质上就存在了——虽然也许或多或少仍显得隐隐约约，但已开始存在了；所以根本问题不在于如何加以理解，而只是在于从何处着手而已，这真是令人既非常高兴又非常恼恨。[17]

艺术在结构上的技巧诸如学术流派，音的和谐、节奏、韵律等都烘托出这种必然性，并且这些技巧得以发展也是由于我们渴求必然性。了解了十四行诗这种艺术形式在很大程度上使我们觉得任何别出心裁的绝妙结尾都有其必然性。出于同样的原因，我们喜爱科尔·波特（Cole Porter）的行间韵，尽管这种喜爱并不那么深刻。我不想夸大这一点。我不是要说伟大的艺术作品在所有的细节上都要强有力地整合在一起，我要说的是整体性成就了艺术作品的伟大。我们当然可以修改《麦克白》的对白，事实上这出戏的不同版本的对白也不尽相同，这也无伤大雅。但是这出戏的伟大很大程度上依赖于它所描绘的画面具有整体性。这种整体性使得整出戏震撼人心，并且也增强了每一幕的感染力：其更为主要的作用在于使人们觉得它悲剧的结尾具有必然性。整体性和必然性并不局限于传统意义上的艺术，他们对于从纯感性美到纯智性美这一区间内的任一形式的美都有贡献。诗、戏剧、法律论证，或是数学推理都可以通过删除不必要的对白或是假设而具有必然性和整体性，从而变得更美。我们中的一些人认为美是真实的，对于这些人来说，宇宙最终是可知的这一科学推定也是一种宗教信念：信仰宇宙间闪耀着真正的美。

第三章
宗教自由

宪法面临的挑战

世界各地的宪法和人权公约都提到了宗教。联合国《世界人权宣言》第 18 条表示："人人都有思想、良心和宗教自由的权利；此项权利意味着人人可以自由改变宗教或信仰，以及单独或集体、公开或秘密地以传教、践行、礼拜和遵守戒律等方式来自由表达自己的宗教或信仰。"[1]《欧洲人权公约》提供了同样的保障，并且还补充："表达宗教或信仰的自由仅仅受到法律规定的限制，以及基于在民主社会中为了公共安全的利益考虑，为了保护公共秩序、健康或道德，为了保护他人的权利与自由而施以的必要的限制。"[2] 美国宪法第一修正案禁止政府确立国教或妨碍宗教信仰自由。

这些条款产生了不可小觑的政治影响。它们明确禁止政府惩罚任何信仰或不信仰传统宗教的人。很多人认为这些条款也禁止政府确立国教，通过提供补贴或赋予特权来支持某种宗教或所有宗教，或是允许利于信仰某种宗教或者有宗教信仰的人的法律约束存在。宗教的含义对于这些条款具有可观的现实意义。宗教仅局限于对于神的存在或是性质的看法吗？或者说，宗教是不是涵盖了所有宗教性的信仰，如果我的观点说得通，宗教也包括无神论者可能有的宗教信仰吗？如果自由的宗教活动仅局限于践行或是否认有神论，那么比如说堕胎的权利就不会得到保护。当然很多反对堕胎的人杜撰出一位禁止堕胎的神。但是并非所有反对都基于有神论，也鲜有想堕胎的女人认为是神责令她们堕胎。相反，如果宗教自由的内涵不局限于对神的看法，而是涵盖所有关于人生意义和责任的深层信仰，那么堕胎的权利是否是宗教问题也许会成为一个悬而未决的议题。

我相信大多数人都将宪法性文件提到的"宗教"理解为有组织体制的教会或是其他崇拜某种形式的神或是像佛陀一样近似于神的事物。当然人们为宗教自由而战的初衷是自由选择宗教组织。宗教自由最早的支持者之一约翰·洛克小心翼翼地将无神论者排除在外。他说无神论者不应享有公民权利。[3] 然而，后来宗教自由权既包括了选择有神论宗教的权利也包括了不信仰宗教的权利。这样一来，无神论者也受到宗教自由权的保护。但是，这项权利仍被理解为一项人们对于神的存在和性质进行自主选择的权利。我接下来要描述最高法院以及其他法院的判决，这些判决将针对宗教自由权的保障延伸到那些信仰没有神的宗教的群体——"美国道德文化协会"就是一例。但是从历史上以及多数人的观点出发，宗教仍意味着信仰某种形式的上帝。这种共识是否可以决定谁可以享有以上各种规定的保护？

不。因为对于基本宪法性概念的理解不依赖于共识或是字典上的定义。这些概念属于解释性概念，其用法不同于一般概念。像自由、平等、尊严、宗教和其他诸如此类的概念构成了政治理想的核心。我们通过它们来界定人权和宪法权利，因此我们需要定义这些概念。我们如何理解宗教这一概念才可以说宗教自由是一项基本权利？应该如何界定宗教才能使人们在宗教选择和活动方面享有他们在生活其他方面所没有的受保护的自由？我们要否定那些使特殊的宗教自由权显得愚蠢或随意的对于宗教的性质或范围的理解。我一直认为我们对宗教的理解应该要比有神论深刻，这样才能最好地解释人们信仰的多样性和重要性。现在我们以不同的角度来看这个问题，将其作为一个具有哲学深度的政治道德问题来分析。

宗教自由仅与神有关吗？

有没有一个令人信服的理由说明宗教自由为何仅仅局限于在有神论宗教的范围内作出的选择？当然这也包括拒绝所有的有神论宗教。为何没有进一步延伸这种自由？我有一种解释。宗教战争与迫害的历史表明，崇拜哪一位神对于数以亿计的人来说具有特殊且超然的重要意义。这些人愿意杀害那些崇拜不同神的人，或是那些用不同方式来崇拜相同神的人，他们宁愿被杀害也不愿放弃他们崇拜神的方式。这种热情引发了欧洲可怕的宗教战争，宗教自由也因此变得紧迫。在我们的时代，这种热情在中东和其他地区引发了大规模屠杀。任何其他问题都无法激起如此强烈的情感。宪法和国际条约因此都保障宗教自由。

这些惊人的事实有助于宗教自由这一想法的产生及迅速流行。这解释了为何在 17 世纪的欧洲人们了解到其在保障和平方面具有紧迫的重要性。但是这无法解释为何如今包括欧洲和美国在内的世界大部分地区只有有神论宗教享有特殊的权利保障，特别是这些地区早已远离暴力的宗教战争。在这些国家，受益于宗教自由的教派属于未普及的少数，即使剥夺这些信众的自由，他们也无法掀起波澜。再者任何情况下宗教自由都被广泛地认为是一项人权，而不仅是一项有用的法律制度。强调和平的政策性论述也不足以为一项基本权利辩护。我们需要从不同角度来捍卫宗教自由的概念。我们要确认一些利益。这些利益极其重要以至于他们需要特殊保障以抵御可能来自于官方或是其他来源的迫害。所以问题是我们能否找到属于有神论宗教信徒的特殊利益，换句话说，爱因斯坦和数以百万的信仰无神论宗教的人对这种利益毫无兴趣。

有神论宗教的科学认为神将摧毁很多人，或是在愤怒中将那些不服从的人打入地狱。这种神力曾被认为迫使人们归于某一教派。恐于激怒上帝，极少有人主张自由敬拜。如果说那些害怕诅咒的人生活在一种无神论者所不具有的恐惧中，他们因此需要一种特殊的保护呢？这样解释的话，这种权利就过于宽泛，因为很多正统宗教的信徒不相信来世的赏罚。在另一种意义上这种解释也过于宽泛。使无神论者免受迫害的包容只能触怒上帝。无论如何，人们有很多恐惧。一些人想到地球可能被一个新的粒子加速器毁灭就会恐惧得颤抖。但政府只需要使人们免受那些它认为是真实的恐惧，而只有政府违背宗教自由去支持某种特定的宗教信仰，它才可能宣布对于地狱的恐惧是真实的。

解释宗教自由为何局限于有神论宗教要从正统宗教的其他部分入手。要从它推崇的价值考虑，而非仅着眼于其科学部分。有神论宗教对信徒施加了严苛的义务和责任，这不仅包括崇拜和禁食，也包括社会责任。一个禁止人们履行这些义务和责任的政府深深地侮辱了信徒的尊严和自尊。当然这可能有助于政府禁止这些宗教的某些索求，比如有些宗教要求虔诚的信徒去杀害非信徒。但是如果政府的禁令无法通过保障他人的权利来自圆其说，而仅反映出政府对这种宗教的反对，那么政府就侵犯了宗教自由。

但是这些因素都无法解释宗教自由为何局限于正统的有神论宗教，因为无神论者对于责任的信仰往往也同样迫切。和平主义就是一个人们熟悉的例子。美国最高法院曾恰当地解读了一则因宗教信仰而拒绝杀戮的信徒免服兵役的法令，最高法院认为这则法令也涵盖了具有同样信仰的无神论者。我在第一章描述了一种可以视为宗教信仰的较为抽象的信仰，即每个人都有一种内在且不可逃避的道德责任，这种责任要求人们活得幸福。它属于信徒和无神论者所共有的一种宗教态度。每个人都有责任来决定怎样生活，以及判断什么有辱人格。如果说国家禁止同性恋行为或是使这些行为承受负担，国家就侵犯了个人权利。这种自尊需要特殊保障，而建立在这之上的宗教自由没有任何理由局限于正统的有神论宗教。

美国宪法第一修正案中有关设立宗教机构的条款 115 禁止美国政府将某种宗教或教派设为国教，就像英格兰教会是英国的官方教会那样。但是这项条款的效力远不止于此。依据这项条款，公立学校内禁止祷告，圣诞节禁止在公共场所内设托儿所，法院墙壁上不能出现十诫，公立学校内禁止讲授以信仰为基础的科学。这些做法和表现都被视为政府在偏袒某种宗教，或者至少是有可能被看作在宗教间或是在信徒和无神论者间作出选择。但是我们为何无法接受政府偏袒某种正统的有神论宗教，而可以容忍它在几种对于幸福生活的理解中选择一方呢？比如说为何可以偏袒某种对于性的态度？

有种观点认为，如果政府倾向某种宗教，比如说将加尔文教定为国教，政府就剥夺了那些以不同方式 116 崇拜上帝的人或是根本不信仰上帝的人的部分公民权利。所以无论是公立学校留出一段时间来祷告，还是教导学生宇宙的形成源自一位具有智慧的设计师，都没有给予那些不信仰上帝的人同等尊重。这样做就是用国家或州的税收创造出一种将这些人排除在外的国民身份。现在设想一下同性恋者的处境，他们生活的环境以各种方式赞美和保护婚姻制度并且鼓励男人和女人结合，但是却将他们排除在婚姻之外。就同样的问题，还可以设想一下一位被各国承诺民主的官方声明所包围的坚定的专制主义者。我并不是要说宗教自由使得君主专制主义者免于面对公众对民主制的认可。我只想说，我们并不能仅因为他们的想法不是来自某种形式的上帝就否定它们。

失去控制的自由？

我们一直无法解释为何宗教自由局限于有神论宗教。拓展这一权利的范围或许有帮助。如何做呢？答案似乎显而易见：无论信仰是否源自上帝，人在原则上有权自由表达其对于生命和责任的深刻信仰，并且政府要在政策和开支上对这些信仰一视同仁。这会将局限于传统宗教的特殊保障与特权扩展到所有信仰。但是任何地方的人们都不会接受这种扩展后的权利。

想想那些用通俗的话讲"崇拜"财神的人。他们或许满腔热血地认为成功的人生意味着物质的成功。

他们觉得这一目标具有超然的重要性。面对不成功的投资或是错失的获利机会他们深切悔恨。但是我们无法想象宗教自由对这些人来说因此便意味着免付个人所得税。再看看那些种族主义者。他们认为种族融合会摧毁他们并玷污其后代纯净的生活。他们说这种厌恶情绪并非个人好恶问题，而反映了一种信仰，即与其同类一起生活是人们的责任。我们无法想象政府的法律和政策必须对这种观点采取中立态度。如果我们认为凡是宗教态度都需要受到特殊保障，我们就需要严格地定义什么是宗教态度。

118

我们或许可以考虑两种更严格的定义。一种是功能性定义，即关注信仰在个人性格中发挥的作用。另一种是实质性定义，即将某些关于如何生活的信仰列入可以受到宪法保护的范围。为了回应无神论者丹尼尔·安德鲁·西格（Daniel Andrew Seeger）提出的在越战中享受因良心约束而拒服兵役条款的要求，美国最高法院给出了一个功能性定义。西格所依据的是征兵法中的下列条文：

119

> 本条款无意迫使那些由于宗教修行和信仰等原因凭良心反对参与任何形式战争的人在美国军队中接受战斗训练或是服役。在这方面的宗教修

行和信仰意味着个人的信仰与某种至高无上的存在之间的关系，而从这种关系中产生的责任优于任何产生于人与人之间关系的责任。但是这种信仰不包括在实质上属于政治、社会、哲学方面的主张或某种个人道德准则。[4]

尽管法案提到"某种至高无上的存在"，美国最高法院还是满足了西格的要求。最高法院假定国会无意区别对待宗教性信仰，并且解释如下：

这种测试可以用以下文字说明：一种由衷并且有意义的信仰，其在信仰者生命中占的位置近似于上帝在那些有资格依据法案定义获取豁免的信徒生命中的位置。[5]

然而这则要求还是难以解析。信仰战争是错误的为何"近似于"信仰上帝？无论我们怎样回答这个问题，我们都可能担心一位坚定的财神信仰者会通过这种测试。

似乎是对宗教自由应该保护的信仰范围作出限制的实质性定义更为恰当。这样就可以通过宗教信仰的内容，而非热情，来辨别出那些值得保护的信仰。在

1992 年，为了用第一修正案为堕胎辩护，我提出了一种实质性定义。我说过："宗教试图通过将个人的生命与某种超然的客观价值联系来回答深奥的存在问题。"[6]我引用过一个泛基督教会议的声明："人希望从各种宗教中获得关于人类境况的答案——什么是人？我们生命的意义和目的是什么？"[7]因此我认为美国宪法是否保护女人的早期流产权与第一修正案中宗教条款的效力有关。我说过："一种说得通的宗教性信仰需要解释人的生命为何并且以何种方式具有客观的内在重要性。"[8]

在最高法院认定宪法保护早期流产权的法庭意见中，三位法官给出了一种类似的说法来描述所谓的受宪法保护的选择：

> 包括人一生中可能作出的最为私密和个人化的选择以及至关个人尊严与自主权的选择在内的事项是宪法第十四修正案所保护的自由的核心。自由的核心是一种定义人的生存状态、意义、宇宙以及人生谜题的权利。[9]

其他法官和法庭还强调了进一步的限制：宗教性的信仰必须属于或是源自一种一般性的、发自内心的、前后一致的、具有整体性的，并且全面解释人为什么要活得有意义以及怎样算是活得有意义的看法。[10] 持有经过这种严格标准检验的宗教性信仰的人无需以任何方式表达出或是自我意识到这种更为广博、更加全面的看法。这其实是解释性问题。也就是说，这些人希望受到保护的信仰能否恰当地满足某种可以辨别出的全面的看法，并且他的生活以及他在其他方面的观点是否与这种更加全面的看法相一致。一些历史悠久的教会的成员符合这种描述，除非他们的行为显示他们言不由衷。但是这种描述同样适用于无神论信仰，比如说和平主义或是对于流产的容许。在托尔卡索（Torcaso）案的判决中，美国最高法院不仅列出了满足其要求的宗教，还列出了明确地信仰无神论的人文主义团体。[11]

这些对于应该受到宗教自由权保护的信仰的实质性限制是引人注目的。但是这些限制的合理性依赖于政府有能力在不同信仰中作出选择。这样的一种假设似乎本身就违背了一个基本原则，即基本价值问题是个人选择，而非集体的选择。我们不能认为那些政府选择不予保护的信仰就言不由衷或是不真诚。通过告诉人们什么是成功的生活以及什么是浪费生命，物质主义或种族主义也许能更好地反映一种真实且牢靠的信仰。尼采的门徒可能会用复杂的哲学观点来为他们信仰权力的本能辩护。一旦打破了宗教信仰和传统有神论之间的联系，我们似乎没有什么确切有效的方式排除那些近于极端疯狂且怪异的道德信仰。

自由内的冲突

此外，还有第二个原因使我们担心，仅仅将神从宗教中分离还是无法恰当地解释宗教自由。哪怕是我们将宗教局限于有神论，特别是我们不这样限制时，传统上设想的宗教自由似乎经常自相矛盾。原则上这种权利要求政府使人们免受妨碍个人表达宗教信仰的一般规定。这种权利还要求政府不对宗教进行区别对待。但是使某种宗教免受强加于其他宗教信徒的限制，实际上就是从宗教角度歧视了这些信徒。美国宪法律师深知这种矛盾。在第一修正案中有两则"宗教"条款：一则禁止政府侵犯宗教"自由权"；另一则禁止"设立"国教，即给予某种宗教特殊的官方认可和保护。律师们说这些条款中的第一条经常与第二条矛盾。

美国本土教会在其宗教仪式中使用一种能够使人产生幻觉的药物佩奥特（peyote）。由于其危险的成瘾性，这种药物一般被禁止。如果由于这种药物在宗教仪式中发挥的作用，这个部落取得了豁免，那么法律就以宗教为由歧视了那些，比如说相信最好的生命应该在迷睡中度过的奥尔德斯·赫胥黎（Aldous Huxley）的追随者。如果法律承认无神论宗教，并允许那些认为服用迷幻药可以使人获得对于生命特殊理解的人服用禁药，那么法律就同样是以宗教为理由歧视了那些仅仅想通过服药来使自己兴奋的人。[12]

还有一例：天主教会不允许其运营的很多领养机构将待领养的孩子分配给同性伴侣。政府拒绝向采用这一政策的任何机构提供资金支持。由于其教义禁止同性结合，教会坚称该政策是以宗教为由歧视他们。[13] 政府回应说，如果给予教会例外就歧视了那些可能由于其他非宗教性原因拒绝同性伴侣领养需求的机构。

现在来考虑一个更为复杂也更能予人启发的例子。政府不能"设立"任何国教的原则意味着不能将某一宗教的教义作为真理在公立学校讲授。但是，正如我在第一章提到的，每种宗教都有一个科学部分，所以现在的问题是，科学能不能或是在何种程度上可以作为一门学科在公立学校讲授。这是美国生物课遇到的一个特殊问题。一个宾夕法尼亚的学区要求教师在课堂上讲授否定了达尔文进化论的随机突变理论的生命起源说，该学说声称可以提供证据说明是超自然的智能设计创造了人类。一位联邦法庭的法官宣布根据"设立"条款，这一要求违宪。他说学校董事会的决定基于宗教信仰，而非科学判断。

托马斯·奈格尔（Thomas Nagel）针对这一案件做了很有启发性的分析。[14] 他认为，一个人对于到底是上帝还是随机突变能更好地解释人的生命，深受其事先关于神存在与否的观念的影响。一位无神论者会从一开始就排除神创论。哪怕随机突变和选择可以产生生命的概率极低，智能设计也不会作为备选。然而，由于相信存在着神，一位有神论者可能会认为是神而非概率创造出了生活在地球上的复杂而充满奇迹的动植物。神存在或者不存在这两种假设似乎从科学角度可以相提并论。两者都可或是都不可作为科学判断。如果依托一种假设来设计课程是以违背宪法的方式设立国教，那么依托另一种假设也同样违宪。因此，在这种情况下，诉诸学生和家长的特殊权利，即政府不能在各种宗教间作出选择就毫无用处。无论做何选择，学校董事会可能看上去都在选择一种宗教观点，同时拒绝另外一种宗教观点。在诸如此类的案例中，宪法要求政府不偏袒某种宗教的条款是自相矛盾的。

真的有宗教信仰自由的权利吗？

到现在我们都无法恰当地回答这一章开篇提出的问题。如何理解各种宪法、文件和条约提到的宗教自由权？传统的理解假设了一种道德理论，即自由选择宗教活动是一项特殊的道德权利，而对于这些法律文件的理解应该符合这种特殊的道德权利。然而，我们现在发现很难去界定这种所谓的特殊的道德权利。将权利的保护仅仅局限于有神论宗教是不合理的。但是，我们也不能将所有满足宽泛宗教定义的信仰都涵盖在内。再者，我们发现有两种观念的冲突，而这两种观念似乎都来自于这种特殊的道德权利：政府不能使任何宗教活动承受负担，但也不能偏袒任何宗教。是时候来考虑一种更为激进的方法了。然而在这之前，我要为我想说的提供一点背景。

政治自由有两个组成部分。一个公正的国家必须既承认一种我们会称为"伦理自主"的一般权利，又承认某些特定自由的特殊权利。[15] 两者中的前者，即伦理自主，要求政府不能仅仅因为它认为一种生活方式在本质上优于其他生活方式并且这样生活的人也优于其他人，而非这种生活方式更为有益，就限制自由。

这是一个关乎何种生活方式就其自身来说更值得人们去选择的问题。一个看重自由的国家必须将这种选择留给个体公民，每一位公民都将为自己作出选择，政府不能将一种观点强加于人。所以，政府不应该由于它认为使用某些药物可耻就禁止人们使用这些药物；它或许不应该由于它认为那些不珍惜广袤森林的人可鄙就禁止伐木；它或许还不应该由于它认为物质主义是邪恶的就征收累进税。但是，当然了，伦理自主并不妨碍政府凭借其他原因插手个人选定的生活方式。比如，保护他人免受伤害，保护自然奇观，或是提高131福利。所以说，政府可以通过禁止使用某些药物来使社区免于上瘾带来的社会成本；它可以征税修建公路或是帮助经济困难的人；它可以由于森林本身是美的而保护森林。哪怕是没有人看重漫步于森林中的生物的价值，政府也可以因此保护森林。

更确切地说，伦理自主使政府只能依据某几个原因限制自由。另一方面，特殊权利把更为有力的限制施加于政府。言论自由是一项特殊权利，除非政府有美国律师说的"令人信服"的理由，否则它就不能侵犯这项特殊权利。政府不能删减演讲者的讲稿，哪怕其可能对他人产生负面影响，比如说宣扬掠夺森林或者说在愤怒的人群中保护他们要支付高昂的费用。政府只能在紧急情况下限制言论自由。这种情况用美国律师喜欢的话说，就是在面对明显且急迫甚至重大危险时。法定正当的程序和公正审判是被告人的特殊权利，这些进一步增设了障碍。政府无权起诉那些它认为无辜的人，或是在无法保证被告受到公正审判时对其进行审理，哪怕它认为这样做会显著提高国家安全。

现在我提出一个建议。我们在定义宗教自由时面临的问题源于我们试图将宗教和上帝分离的同时还将宗教自由权作为一项特殊权利。我们应该考虑不再将宗教自由权作为特殊权利，这样我们就不用对其给予高门槛的保护，因此也就免于严格的限制和审慎的定义。我们应该考虑赋予它更为普遍的伦理自主权。这两种方法之间的区别很重要。特殊权利将注意力集中于有待讨论的话题：宗教自由的特殊权利要求政府不能以任何方式限制宗教活动，除非面临非常紧急的情况。相反，伦理自主的一般权利关注政府和公民间的关系：它限定了政府可以限制公民自由的理由。

可以设问：伦理自主的一般权利是否可以充分地保护我们想要保护的信仰，是否因此就不需要一项麻烦的特殊权利？如果的确如此，我们就有充分的理由彻底重新解读所有宪法、条约以及人权公约。我们要将他们讲的宗教自由权理解为一项伦理自主权。从历史角度看，我们知道为何这种权利的表达仅限于有神论宗教。然而，通过将宗教宽容作为这种一般权利的一个例子，我们将会赋予这种权利最为恰当的当代意义，并且找出最佳理由为其辩护。

所以，我重复一下我们的问题：值得反思的是伦理自主的一般权利是否提供了我们需要的保障？这项 134 一般权利保护传统宗教自由权的核心。它谴责任何明确的歧视或是歧视性的做法，比如假设一种宗教信仰优于其他信仰，政治上的多数有权偏重一种信仰以及无神论是不道德行为的温床。[16] 伦理自主以一种更为微妙的方式保护宗教信仰，即通过宣布那些表面上是中性但实际上假设了直接或间接从属关系的做法为非法。这种保护充分吗？我们是否需要一种特殊的权利，对它的限制不仅要有中立的理由，而且要有很强的理由。

回到迷幻药佩奥特和宗教仪式。当最高法院认定宪法第一修正案无需给予美国本土教会特殊对待，愤怒的国会通过了《宗教自由恢复法案》。[17] 该法案坚称最高法院的判决是错误的。国会做对了吗？如果我们依据伦理自主的一般权利来评判最高法院的做法，国会的做法就不对。这种一般权利无法为人们由于宗教 135 原因使用已被禁止的迷幻药辩解，特别是在使用这种药物可能会对所在社区造成破坏时。所以国会反驳最高法院裁定的法令实际上是在宣布宗教所需的保护超出一般性伦理自主的范畴。国会宣布，插手宗教活动的规定无论其目的如何单纯都不被容许，除非确有"令人信服的"的理由而非仅是为了满足管理需要，即该规定对于预防某些紧急情况或重大危险是不可或缺的。《宗教自由恢复法案》广受欢迎。[18] 从政治道德的角度看，最高法院的做法是对的，而国会是错误的。如果美国本土教会有权依据药物限制法获取特殊对待，那么赫胥黎的追随者也有权获得特殊对待，而持怀疑态度的嬉皮士们也就有权将整个药物管理体制贬低为一种宗教机构。

　　如果我们不用特殊权利来保障宗教活动自由，而只是依据伦理自主的一般权利，那么各种宗教就有可能要被迫限制其活动来遵守理性的、非歧视性的、给予不同宗教同等关怀的法律。这令人震惊吗？这些要求的最后一项同等关怀，要求立法机构留意，是否有团体将立法机构主张禁止或不鼓励的活动视为神圣义务。如果有，立法机构就必须考虑同等关怀是否要求立法机构给予该团体特殊对待或是其他改善措施。如果给予该团体特殊对待无伤大雅，那么不这样做就说不过去。因此，在资金支持方面平等地对待不接受同性伴侣的天主教领养机构和其他领养机构或许说得通，只要有足够的其他领养机构来保障孩子和有领养需求的同性伴侣的利益。但是，如果像在迷幻药佩奥特的例子中，允许美国本土教会使用迷幻药会使其他人承担法律旨在避免的严重风险，不给予特殊对待并不有违同等关怀的要求。非歧视性的集体政府优于私人宗教活动似乎是不可避免的，也是合理的。 137

新的宗教战争

我在上文提到古老的宗教战争的一个新阵地就是政治。我们或许可以通过这些激烈的争论具体测试一下我们的新假说，即伦理自主的一般权利恰当地保障了宗教自由。这些争论并非在有组织的宗教间开展，而是在信徒和非信徒间展开。在很多国家，是否可以在公立学校、政府办公室和大楼以及公共空间佩戴表示某种宗教信仰的徽章极具争议。公立学校是否应该在一天中留出个人安静祷告的时间，十诫是否应该出现在法院墙壁，城市或城镇是否应该于圣诞节在公共 138
广场上设置托儿所，是否应该禁止在学校或是街道上佩戴头巾，瑞士是否可以在各州禁止修建尖塔，这些问题都曾引起激烈的甚至是暴力的争斗。这其中的一部分可能会引起美国律师说的自由活动问题，另一部分可能会引起宗教组织的相关问题。但是对于所有这些我们或许要问，如果伦理自主的一般权利是唯一相关的政治权利，这些问题该如何得到解决。

伦理自主的确会谴责在法院墙壁或是公共街道上展示宗教组织的标志，除非这些标志早已失去原本的意义，而仅具有一般性的文化意义，比如像是城市圣诞老人探望孤儿院。不然，这样的展示就是在用州的资金或财产来宣扬某种有神论宗教，或是宣扬有神论宗教优于无神论宗教或是没有宗教信仰。然而佩戴头巾则不同，因为这些属于个人展示。州或国家需要提供何种理由才能禁止人们佩戴头巾？

人们有时说国家的法律或许旨在灌输一种共同的世俗身份，而不同的宗教身份标志将会削弱这种身份。然而，依据这种说法，国家首先违背了伦理自主权，更何况这种观点还假设一种身份认同优于另一种身份认同。或是与很多人的看法相反，宗教认同感并不足以压倒所有爱国主义认同感。州政府可能会想出其他在表面上并不有违伦理自主的理由来禁止这样的行为。比如它或许会说当一些学生佩戴某种宗教标志时，其他学生可能会出于对于其信仰的责任而不得不抗议，这样不利于学术规范和质量。但是由于没有任何证据，这种理由更像文饰。在土耳其，人们对禁止佩戴头巾一直争议不断。长期禁令已经激起了而非预防很多暴力行为。土耳其的例子也明白地解释了这种禁令为何有违伦理自主。改变土耳其人观念中的负责任的生活方式是凯末尔（Kemal Ataturk）运动的一个核心，这种转变指的是从完全献身于宗教转向彻底的世俗主义。

在公立学校内祷告是一个更为复杂的问题。英国要求除少数学校外的其他学校做每日基督徒祷告，而法国则禁止在公立学校内设立任何宗教性时刻。在美国，经过了围绕几个最高法院判决的长期辩论后，倾向于允许学校采用所谓的"安静时刻"，学生可以在此期间自由祷告，或是像人们常说的，做他们想做的"冥想"，或者仅仅休息一下眼睛。我觉得这一做法满足了伦理自主，除非立法记录显示这样做的意图是偏袒有神论宗教。表面看来，设立一个安静时刻在信仰有神论宗教、无神论宗教以及那些认为他们没有必要去冥想的学生之间是中立的。

现在从伦理自主的一般权利而非和宗教有关的特殊权利的角度出发来考虑一下公立教育中的宗教。我在上文提到一个问题，当公立学校的董事会要求生物课将智能设计理论作为达尔文进化论之外的一种万物起源的可能性来讲解时，其是否侵犯了宗教自由？我在上文提到过奈格尔，他认为智能设计是劣质科学的判断意味着无神论，而无神论本身是一种宗教立场，所以州政府禁止讲授智能设计理论等于在宗教问题上偏袒一方。当我们将宗教自由视为一项特殊权利时，奈格尔的观点是中肯的。然而，如果不依赖任何特殊权利，而从更为一般的伦理自主权出发，我们就有了不同看法。

142　　伦理自主要求政府不以某种生活方式或某种对于成功人生的理解优于其他为由限制公民自由。一项政策是否反映出这种判断通常是解释性问题，有时还是难题。在美国文化背景下，校董事会要求将智能设计理论作为达尔文进化论之外的一种可能性来讲授的决定，不仅仅反映出其认为一位创造万物的上帝的存在是一个宇宙历史事实，也反映出其对于一整套着眼于宗教的伦理态度的认可，并且将这套道德态度向新一代灌输的理想。它的期望不止于平衡一个学术问题，就像董事会坚称美国历史包括对于奴隶制弊端的记录。一开始试图使学校讲授主张地球历史仅有七千年的神创论，而后在法院否定神创论时又迫使学校讲授明显更为复杂的智能设计理论的政治运动是不寻常的。这些政治运动属于一场宗教右派发起的全国性运动，其旨在增强有神论宗教在公共生活中发挥的作用。这是

143

一个解释性的判断，但是我觉得这不算是一个难题。宣布在公立学校内讲授智能设计理论的要求违宪的美国法官依据一项解释性的结论。法官认为，历史、实践以及校董事会大多数成员的声明表明，校董事会并非出于纯粹的学术性动机，而是秉承了全国性宗教运动的精神。

如果校董事会决定讲授支持和反对达尔文理论的正反两方面证据，并且不将智能设计作为一种可能性来讲授，我们可能还会面对同样的解释性问题。我们可能会问，这一决定是否反映了校董事会希望学生远离有神论宗教的意图。然而，在现代美国文化中这个假设显得不那么合乎情理。科学界和世俗社会中很多承认达尔文进化论基本主题的人也信仰某种有神论宗教，他们认为对于进化论的信仰和对于上帝的信仰并不互相矛盾。人们也无法理智地理解为何科学教师会从事任何宣扬无神论的活动。如果我们从伦理自主的角度看，我们看到的不是奈格尔说的对称，而是一种重要的不对称。

最终我们回到无疑是最具争议的问题——性和生育道德。当最高法院裁定州无权让同性恋或早期流产等行为承担刑事责任时，它教条地使用了宪法中的平等保护和正当程序条款，而非第一修正案中对于宗教自由的保障。它别无选择。同性恋和堕胎的反对者经常会援引上帝的意愿，而想在这些问题上获得自由的人则很少认为这种意愿源于宗教。但是如果抛开美国宪法，将宗教自由作为伦理自主的一部分，那么自由的立场就变得理所应当了。婚姻问题上的性别平等也是如此。我在其他文章中提过这些主张，尽管这样的一个总结可能令人沮丧，我也不在此重复或是详细阐述我的观点了。[19]

在 2009 年一次震惊世界的全民公决中，瑞士公民通过修改宪法禁止在瑞士境内修建尖塔。美国联邦政府和天主教会以及其他各种组织反对这项禁令，但是该禁令还是在全民公决中获得了多数人的支持。一位主要支持者认为，由于伊斯兰教并不要求在清真寺内建造尖塔，该禁令不违反宗教自由。如果将宗教自由视作一项局限于信众的特殊权利，那么强调尖塔不承担任何宗教义务或许还说得通。但是，如果我们将宗教自由视为伦理自主的一般权利的核心，尖塔不承担宗教义务的事实就变得无关紧要。熟悉这场论战的人都明白，公投表达的是对伊斯兰宗教和文化的肆意谴责。它向主张伦理自主的平等主义理想宣战。

我以一种愿望为本章作结。如果你不反对，这也是一次祷告。在本书中我提出人们都有一种根本性的宗教冲动，它在各种信仰和情感中得以展现。绝大部分时间里，这种冲动产生了两种信仰：一种信仰针对一种智能的超自然力量，即上帝；另一种是一套深刻的伦理和道德信仰。这两种信仰都源于一种根本性的态度，但是二者相互独立。因此在内心深处的宗教理想中，无神论者可以完全接纳有神论者。有神论者也可以承认，无神论者的政治和道德信仰也是基于同一种根本性态度。双方都将承认，他们现在认为完全不可逾越的鸿沟，只不过是一种难解且没有任何道德或政治影响的科学争论。或者他们中的大多数至少会这样想。这是奢望吗？可能是。

147

第四章
死亡与永生

关于死亡我应该说些什么，尽管也说不了多少。有人对伍迪·艾伦（Woody Allen）说，他会通过他的作品获得永生，伍迪·艾伦回答说，他宁愿活在他的公寓里。很多有神论宗教许下比这更美好的愿景。比如说死后人将会永远生活在一种无法想象的美妙中。真是难以想象。伟大的画家描绘出好人在一片氤气中升天的景象，流行艺术家将普通人坐在云端或是在一位留着白胡子手持钥匙的老者面前祈求的场面绘制下来。这种愚蠢的逃避是无法避免的，因为人们根本无法，哪怕仅仅是开始思考死后的生命会是什么样。尽管如此，这些赤裸的愿景无疑还是增加了这些宗教的吸引力。不必去想象死后的生活，我们不必在乎我们的样子，以及是不是没有眼睛也可以看见，没有四肢也可以移动，我们会不会记得什么，因为这个想法本身带给人强烈的发自肺腑的彻底消极之感。死后的生命这个命题实际上仅仅意味着它不是我们极度恐惧的那样——无法想象的完全且彻底的消亡。

但是真的需要上帝来指引我们逃脱完全消亡的厄运吗？我们需要上帝将死后的生命点化为奇迹。但为何使我们远离消亡的不是一种自然事实，比如现在宣称可以解释宇宙从无到有的量子波动现象？量子理论本身充满了我们曾经认为的奇迹。比如说，在打开封闭的盒子以前盒子内既生又死的猫（实验又称薛定谔的猫）。我们可以试着设想一种个人独有的精神物质，这种物质不断通过大脑散发进入太空。这些物质的总和，即无数独立的量子，将在脑死亡之后还存在。一种奇异而自然的灵魂？然后呢？或许是一些宗教传统所青睐的轮回——自然的灵魂以某种方式与一个新生的大脑结合。或许它只是作为一个独立的量子持久地存在直到宇宙灭亡。或许在宇宙灭亡后它依然存在，因为它将自己系于新兴的宇宙。这些都是幻想，但是物理学自身已经是种幻想。由于不违反自然法则，量子运动不是需要上帝来缔造的奇迹。相反，科学家试图寻找一种可以解释量子运动的自然法则。我承认，人的自然灵魂在死后变成量子碎片无法给予我们任何心理安慰。但是如果我们所渴望的只是逃脱完全消亡的厄运，那么这至少可以得到保证。

所以我们不一定需要奇迹才能面对死后的生命。无神论宗教的科学或许可以换一种方式解释有神论宗教的科学许下的愿景。但是现在我们应该注意到另一个使神可能对于来世至关重要的原因。所有许愿来世的宗教传统都将这种愿景建立在道德和伦理的审判上。只有所谓活得好的人才会升入天堂；反之则会下地狱，来世将在永恒的火焰和折磨中度过。量子振动无法审判任何人；这似乎确是需要一位有洞察力的智能存在，似乎就是一位可以从高处进行审判的神。但究竟为何最终审判是必要的或可取的？永生为何应该以良好的德行为前提？一位信仰第一章中描述的西斯廷神的有神论者可能会说：审判是必要的，因为神希望人们将有限的生命过得有意义，也因此神才以天堂和地狱作为赏罚。但这似乎说不通。想来一位希望人们活得有意义的神也希望人们这样做是出于对自己生命的尊重，或许是对神以及他人的爱。我们想不出有什么理由会令西斯廷神（而不是异教神）满足于源于恐惧的顺从。

为了得到合理的答案，我们必须要将长时间以来看上去很自然的推理逻辑逆转过来。我们一度认为，由于存在一位惩罚性的上帝，所以审判是必要的。而我们应该认为，由于上帝可以进行审判，所以他才是必要的。在很多方面我们意识到生命有限，而对于那些具有我在第一章中谈的宗教态度的人来说，一个方面的本质就是审判。我们觉得由于生命有限，怎样活着就很重要。用熟悉的话说，一个人用他的生命做了什么是重要的。我们将生命看作一个由我们的决定和命运创造的整体。我们希望它是一个好的作品。当然不是每一个人都意识到这种宗教态度；事实上很多人对生命可以是好或不好这个想法本身产生怀疑。为何生命不仅仅是或长或短，或开心或痛苦呢？但是那些确是持有这种态度的人需要一个标准指引他们追求自己的伦理理想。西斯廷神向这些信徒提供了一个触手可得的答案。这位上帝在神圣的文本上列下生活的准则，并且他至少是通过宗教感知或领悟来更为直接地回应那些虔诚的信徒祷告中的祈求。如果我们将生命本身视为目的，那么上帝最初并且主要的作用就不是赏罚，而是教导、指导以及评判。那些在心中接纳了西斯廷神的人通过上帝的恩典明白成功的生活意味着什么。

然而，这些信徒还是会遇到柏拉图在《欧悌甫戎篇》（*Euthyphro*）里描述的显而易见的困境。西斯廷神难道只是通过他的命令创建出活得有意义的标准吗？

若的确如此，我们无法想象仅仅因为顺从了法令就活得有意义。我们仅是在依照上帝的意愿生活。这或许可以在当下以及未来永恒的时间里保障我们的安全，但是这在伦理或道德上毫无意义。或者有独立且客观 155 的标准来评判是否活得有意义？在这个意义上，西斯廷神对于这个标准是什么仅仅给出了他自己的看法。或许我们有很好的理由认为上帝的看法很可能优于我们的看法。但是判断谁在道德和伦理方面更具权威性并不重要，重要的是这一先决判断，即存在着伦理和道德的客观真理，并且有理由认为在这方面具有权威。再者，这一先决判断并不依赖于任何专属于有神论的假设。无神论者和有神论者都可以做这种假设。当然这也是在无神论者是宗教无神论者的前提下。

这是核心。支撑人们活得有意义的是一种信仰，即存在独立且客观的标准来评判什么才是正确的生活方式。这是我在第一章中讲的宗教态度的核心。一位认为现实仅仅是物质和精神之和的自然主义者不具备这种态度：他们会认为所谓价值不过是由物质和精神组成的某种幻想或假象。在这最本质的一点上，宗教 156 有神论者和宗教无神论者达成了共识。存在或不存在上帝不会动摇将二者团结起来的对于价值的信仰。二者的分歧在于科学。他们对如何解释物质和精神持有不同意见，但是这并不表示他们对于有关价值的真理意见相左。

那什么是永生呢？字面上看永生意味着永远活着，不管是在天堂还是在公寓。但这不可能。哪怕是最仁慈的西斯廷神也无法赋予我们这种意义上的永生。这位上帝的门徒确实谈过天堂，但是我们无法理解他们在说什么。实际上这种谈论仅是在否定彻底消亡的厄运，同时提供一种可能性，而非给出一套永生的理论。我在上文提过一种死后继续生命的方式，即属于个体精神世界的量子在肉体死亡后自由地存在于宇宙。我们可以将这种或类似于这种形式的存在算作永生。但为何应该这样做呢？任何对于我们视为永生的合理解释都要将永生描绘得令人向往，即有价值。自由存在的精神量子无法满足这种需求。

什么还可以算是永生呢？伍迪·艾伦的崇拜者或许会想到两种形式的永生。他可能在说艾伦会像荷马和莎士比亚一样名传好几个世纪。但是也许这位崇拜者不是这个意思。尽管艾伦很出色，他还是可能像很多在其时备受赞扬的戏剧天才那样被遗忘。当然最终，无论是由于进化还是世界末日，伟人都会逐渐淡出人们的视线。或许他有另外一个完全不同的意思，他也许不是在预言，而是在评价。他可能想说艾伦的电影创造了一种进化，历史或是命运都无法改变的超越时间的成就。像其他艺术作品一样，艾伦的电影仅仅因为被创作出来就是永恒的，不管其能否被后代承认或哪怕能否继续存在。

我们或许可以用这种态度来反观人生。浪漫主义诗人说我们应该将生命活成艺术品。或许他们指的仅仅是艺术家或其他创意人士。但是他们说的也适用于任何有意识地生活的人。当然前提是依据某种合理的活得有意义的标准，他们的生活是好的。如果一位没有取得任何名望或艺术成就的人在家里和社区里活出意义和爱，那么他就用他的生命创造了一件艺术品。

158

> 你会觉得这愚蠢吗？仅是在感情用事？当你把一些小事情做好时——诸如弹首曲子、扮演个角色、帮把手、扔个曲线、恭维一下、做把椅子、写一首十四行诗，或是做爱——你在这些事情中收获的成就感和快乐就其自身来说是完整的。这些是生活中的成就。为何生命不能也是一件就其本身来说完整的成就呢？这项成就的价值在于生活中的艺术。[1]

如果我们确实渴望这种成就，而我也认为我们应

111

该如此，那么我们就可以将它视为永生。临近死亡时，我们相信对于一个凡人面对的最大挑战，我们作出了

某种有意义的答复。可能于你而言这并不够好：这或许一点儿也无法减轻我们的恐惧。但是这是我们能想出的唯一一种形式的永生，至少是唯一一种可以去期望的。如果存在宗教信仰的话，这就是（没有什么比这更能称为宗教信仰的了）。不管是无神论者还是有神论者都可以具备这种信仰。

注　释

第一章　无神论宗教

1　Albert Einstein, in *Living Philosophies: The Reflections of Some Eminent Men and Women of Our Time,* ed. Clifton Fadiman (New York: Doubleday, 1990), p.6.

2　"Hymn to Intellectual Beauty" (1816).

3　William James, *The Will to Believe and Other Essays in Popular Philosophy* (New York: Longmans, Green, and Co., 1896), p. 25.

4　*United States v. Seeger,* 380 U.S. 163 (1965).

5　*Torcaso v. Watkins,* 367 U.S. 488 (1961), fn. 11: "在这个国家的宗教中，有些不教授那些被认为是相信上帝存在的宗教，比如佛教、道教、伦理文化、世俗人文主义和其他。See Washington *Ethical Society v. District of Columbia,* 101 U.S. App. D.C. 371, 249 F. 2d 127; *Fellowship of Humanity v. County of Alameda,* 153 Cal. App. 2d 673, 315 P. 2d 394; II Encyclopedia of the Social Sciences 293; 4 Encyclopedia Britannica (1957 ed.) 325-327; 21 id., at 797; Archer, Faiths Men Live By (2d ed. revised by Purinton), 120-138, 254-313; 1961 World Almanac 695, 712; Year Book of American Churches for 1961, at 29, 47."

6　Richard Dawkins, *The God Delusion* (Boston: Houghton Mifflin, 2006), p. 8.

7　See Ronald Dworkin, *Justice for Hedgehogs* (Cambridge, MA: Belknap Press of Harvard University Press, 2011), chap. 8,

"Conceptual Interpretation."

8 William James, *The Varieties of Religious Experience* (New York: Modern Library, 1902), p. 47.

9 若想深入了解该反驳和后续我的作答，请参见德沃金，《刺猬的正义》，第二章，"道德中的真理"。

10 Richard Dawkins, *Unweaving the Rainbow: Science, Delusion and the Appetite for Wonder* (Boston: Houghton Mifflin, 1998), p. xi.

11 Rudolf Otto, *The Idea of the Holy* (1917), trans. John W. Harvey (Oxford: Oxford University Press, 1958), p.7.

12 David Hume, *A Treatise of Human Nature* (1739-1740), bk.3, pt.1, sec. 1.

13 Paul Tillich, "Science and Theology: A Discussion with Einstein," in Tillich, *Theology of Culture*, ed. Robert C. Kimball (New York: Oxford University Press, 1959), pp. 130-131.

14 Ibid., p.130. 有关爱因斯坦和蒂利希之间分歧的讨论，参见 Max Jammer, *Einstein and Religion: Physics and Theology* (Princeton, NJ: Princeton University Press, 1999), pp. 107-114。

15 See Benedict de Spinoza, *Ethics* (1677), pt.1, "Of God."

16 Steven Nadler, " 'Whatever Is, Is in God': Substance and Things in Spinoza's Metaphysics," in *Interpreting Spinoza: Critical Essays*, ed. Charlie Huenemann (Cambridge: Cambridge University Press, 2008), p. 69.

17 Stuart Hampshire, Spinoza and Spinozism (New York: Oxford University Press, 2005), p.19.

18 Nancy K. Frankenberry, ed. *The Faith of Scientists: In Their Own Words* (Princeton, NJ: Princeton University Press, 2008), p.222.

第二章　宇　宙

1 In *Living Philosophies: The Reflections of Some Eminent Men and Women of Our Time*, ed. Clifton Fadiman (New York: Doubleday, 1990), p.6.

2 Brian Greene, *The Elegant Universe: Superstrings, Hidden Dimensions, and the Quest for the Ultimate Theory* (New York: W. W. Norton, 2003); Anthony Zee, *Fearful Symmetry: the Search for Beauty in Modern Physics* (Princeton, NJ: Princeton University Press, 2007); Bruce A. Schumm, *Deep Down Things: The Breathtaking Beauty* of Particle Physics (Baltimore: John Hopkins University Press, 2004).

3 Greene, *The Elegant Universe*, p. xi.

4 Steven Weinberg, *Dreams of a Final Theory* (New York: Pantheon Books, 1992), p.90.

5 John Keats, "Ode on a Grecian Urn" (1820).

6 对比希拉里·普特南（Hilary Putnam）的《无本体论的伦理学》（*Ethics without Ontology*, Cambridge, MA: Harvard University Press, 2004），第 67 页，在这里他讨论了"对科学探究本身的内在价值判断：连贯性、简单性、合理性等判断"。

7 Stephen Hawking and Leonard Mlodinow, *The Grand Design* (New York: Random House, 2010), p.7.

8 Marcelo Gleiser, *A Tear at the Edge of Creation: A Radical New Vision for Life in an Imperfect Universe* (New York: Free Press, 2010).

9 David J. Gross, "Symmetry in Physics: Wigner's Legacy," *Physics Today*, December 199, p.46.

10 Brian Greene, The Fabric of the Cosmos: Space, Time, and the Texture of Reality (New York: Vintage, 2005), p.225.

11 Bertrand Russell and F. C. Copleston, "A Debate on the Existence of God," in *The Existence of God,* ed. John Hick (New York: Macmillan, 1964), p.175.

12 Richard P. Feynman, *QED: The Strange Theory of Light and Matter* (Princeton, NJ: Princeton University Press, 1985), p.10.

13 George Musser, *The Complete Idiot's Guide to String Theory* (New York: Alpha Books, 2008), p.188.

14 Weinberg, *Dreams of a Final Theory*, p.135.

15 这个观点在我所著的《刺猬的正义》（Cambridge, MA: Belknap Press of Harvard University Press, 2011）一书中已论证详尽。我加入这些评论仅是为了说明本章的论点如何与前书的论点相融合。

16 Weinberg, *Dreams of a Final Theory*, p.135.

17 Henry James, *The Ambassadors,* preface to the New York edition (1909), in James, *Literary Criticism*, vol.2 (New York; Library of America, 1984), p.1308.

第三章　宗教自由

1 UN General Assembly, Resolution 217A (III), "Universal Declaration of Human Rights," December 10, 1948.

2 Council of Europe, "Convention for the Protection of Human Rights and Fundamental Freedoms," November 4, 1950, Article 9(2).

3 John Locke, *A Letter Concerning Toleration* (1685).

4 Universal Military Training and Service Act of 1948, 50 U.S.C. Appx. 456(j) (1948).

5 *United States v. Seeger*, 380 U.S. 163 (1965).

6 See Ronald Deworkin, *Freedom's Law: The Moral Reading of the American Constitution* (Cambridge, MA: Harvard University Press, 1966), p. 101.

7 "Draft Declaration on the Church's Relations with Non-Christians," in *Council Daybook* (Vatican II, 3rd Sess., 1965), p.282, quoted and cited in *Seeger*, 380 U.S. at 181-182 and n4.

8 Deworkin, *Freedom's Law*, p.108.

9 *Planned Parenthood of Southeastern Pennsylvania v. Casey*, 505 U.S. 833 (1992). 三位大法官（奥康纳、肯尼迪和苏特）认为，一位女性关于早期堕胎应被允许的看法属于一种信仰。他们并没有说选择堕胎的自由受到宪法第一修正案之宗教信仰自由条款的保护——鉴于该条款的先例，那将是不可能的——但他们的意见表明，如果不是因为这些先例，那么宗教自由有可能被理解为是保护他们所描述的那种信念的。

10 有关欧洲人权法院观点的讨论，参见 George Letsas, "Is There a Right Not to Be Offended in One's Religious Beliefs?," in *Law, State and Religion in the new Europe: Debates and Dilemmas*, ed. Lorenzo Zucca and Camil Ungureanu (Cambridge: Cambridge University Press, 2012), pp. 239-260。

11 *Torcaso v. Watkins*, 367 U.S. 488 (1961).

12 最高法院认为，宪法第一修正案并不要求对致幻剂的禁令进行豁免。*Employment Division, Department of Human Resources of Oregon v. Smith*, 494 U.S. 872 (1990).

13 See Laurie Goodstein, "Bishops Say Rules on Gay Parent Limit Freedom of Religion," *New York Times*, December 28, 2011.

14 Thomas Nagel, "Public Education and Intelligent Design," *Philosophy & Public Affairs* 36, no.2 (2008): 187-205.

15 See Ronald Deworkin, *Justice for Hedgehogs* (Cambridge, MA: Belknap Press of Harvard University Press, 2011), chap. 17. "Liberty."

16 然而在这个测试中，如果英国"确立"英国教会为官方宗教只是一个没有任何杀伤力的历史文物，那么它就并没有触犯伦理的独立。例如，人们正在轻而易举地放弃已被宪法继承法确立的长子继承权这一古老规则。旧规则显然已经没有任何生命力了。

17　Religious Freedom Restoration Act of 1993, 107 Stat. 1488 (1993).

18　史密斯一案的判决激怒了公众。许多团体走到了一起。自由派
　　（例如美国公民自由联盟）、保守派（例如传统价值联盟）还有其
　　他团体，诸如基督教法律协会、美国犹太人大会和全国福音派协
　　会，联合起来支持《宗教自由恢复法案》，该法案将恢复谢尔伯
　　特测试，即那个推翻给宗教增加负担的法律。该法案是国会对史
　　密斯案的反应，由众议院一致、参议院 97 比 3 通过，且由总统
　　比尔·克林顿签署。但后来被认为在适用于各州时是违宪的。See
　　City of Boerne v. Flores, 521 U.S. 507 (1997).

19　See Ronald Dworkin, *Life's Dominion: An Argument about Abortion,
　　Euthanasia, and Individual Freedom* (New York: Alfred A. Knopf,
　　1993), and Ronald Dworkin, *Is Democracy Possible Here?* (Princeton,
　　NJ: Princeton University Press, 2006). 堕胎问题比我在文中所述的要
　　更为复杂，因为我的观点建立在我在这些书中所维护的判断之上，
　　即胎儿在进入高级神经发育阶段之前，不享有自己的权利。

第四章　死亡与永生

1　我引用了自己的作品：*Justice for Hedgehogs* (Cambridge, MA:
　　Belknap Press of Harvard University Press, 2011), pp. 198-199。

索　引

（索引中的页码为原书页码，请参照本书边码使用）

图书在版编目（CIP）数据

没有上帝的宗教 /（美）罗纳德·德沃金著；於兴中
译. —北京：商务印书馆，2024
ISBN 978-7-100-22485-7

Ⅰ. ①没⋯　Ⅱ. ①罗⋯ ②於⋯　Ⅲ. ①宗教—研究
Ⅳ. ① B91

中国国家版本馆 CIP 数据核字（2023）第 154973 号

没有上帝的宗教

〔美〕罗纳德·德沃金　著

於兴中　译

商 务 印 书 馆 出 版
（北京王府井大街 36 号　邮政编码 100710）
商 务 印 书 馆 发 行
北京盛通印刷股份有限公司印刷
ISBN 978 - 7 - 100 - 22485 - 7

2024 年 3 月第 1 版　　　开本 787 × 1092　1/32
2024 年 3 月北京第 1 次印刷　　印张 5

定价：45.00 元